Inhalt

Die Pfalz und die Pfälzer: Impressionen in Bildern

6 Das ganz große ›Wir-Gefühl‹
8 Burgen in Hülle und Fülle
10 Viel Kultur unter freiem Himmel
12 Wein, so weit das Auge reicht
14 Städte mit Flair und Geschichte
16 Gutes Klima für die Kunst
18 Die Pfalz: Land, Leute, Geschichte, Wirtschaft

Modern mit Tradition: Kaiserslautern

20 Kaiserslautern: Altstadtbummel, Museen und Galerien, Bibliotheken, Kulturszene für Jung und Alt, Sport und Freizeit, Shopping, Märkte und Veranstaltungen
28 Stadtkarte
29 Wo gibt es was?

Nordpfalz: Burgen nicht nur am Donnersberg

30 Alsenz-Obermoschel · Bad Münster am Stein · Meisenheim · Kirchheimbolanden · Rockenhausen · Otterberg · Enkenbach-Alsenborn
40 Autokarte
41 Wo gibt es was?

Mit Schwung durchs Kuseler Musikantenland

42 Lauterecken · Offenbach-Hundheim · Wolfstein · Altenglan · Kusel · Gimsbach · Glan-Münchweiler · Schönenberg-Kübelberg
50 Autokarte
51 Wo gibt es was?

Dem Nachbarn Frankreich vis-à-vis

52 Ramstein-Miesenbach · Landstuhl · Wallhalben · Rosen- und Pferdestadt Zweibrücken · Hornbach
60 Autokarte
61 Wo gibt es was?

Der Pfälzerwald – grüne Wipfel, rote Felsen

62 Trippstadt · Waldfischbach-Burgalben · Pirmasens · Hauenstein · Dahn, kultureller Mittelpunkt des Felsenlands · Eppenbrunn
72 Autokarte
73 Wo gibt es was?

Ein Hauch Toskana: Südliche Weinstraße

74 Maikammer · Edenkoben · Landau · Annweiler am Trifels · Leinsweiler · Bad Bergzabern · Germersheim
84 Autokarte
85 Wo gibt es was?

Fröhliches Erlebnis Deutsche Weinstraße

86 Bockenheim · Grünstadt · Alt- und Neuleiningen · Freinsheim · Bad Dürkheim · Wachenheim · Deidesheim · Neustadt
96 Autokarte
97 Wo gibt es was?

Am Rhein: Ludwigshafen, Speyer, Frankenthal

98 Städte Speyer, Ludwigshafen, Frankenthal: Bauwerke, Museen, Kunststätten, Veranstaltungen
108 Autokarte und Stadtkarte von Speyer
109 Wo gibt es was?

Anhang

110 Touristik-Informationen mit Bahnkarte
111 Ausgewählte Hotels und Restaurants
112 Touristik-Informationen mit Wetterdaten
113 Register, Impressum, Zeichenerklärung der Karten
114 Vorschau Lieferbare Ausgaben
115 Anzeigen

Sonniges Plätzchen vor historischer Kulisse: Marktplatz von Neustadt an der Weinstraße mit der Stiftskirche und dem ehemaligen Gericht.

KATINHO
MARSCHALL
I.FC KAISERSLAUTERN
KAISERSLAUTERN
BETZENBERG
SCHEISS ST.PAULI
TSU 1860 MÜNCHEN
FANS ON TOUR
BAYERN ZECKEN
TOTTENHAM
HELSINKI
EINDHOVEN
FOREVER

Das ganz große ›Wir-Gefühl‹

Schnell kommt man mit den Pfälzern – liebenswert und offen, wie sie nun einmal sind – ins Gespräch. Und bald schon hat man das Gefühl, seit eh und je zu ihrem geselligen Kreis zu gehören. Ganz besonders als Fan auf dem ›Betze‹ in Kaiserslautern, wenn der im ganzen Land beliebte Fußballclub 1. FC Kaiserslautern spielt. Das ›Wir-Gefühl‹ reicht dann vom schmucken Fritz-Walter-Stadion bis in die hintersten Winkel der Pfalz und zieht sich wie ein roter Faden durch alle Alters- und Berufsklassen.

Sobald die ›Roten Teufel‹ vom 1. FC Kaiserslautern ins Fritz-Walter-Stadion einlaufen, verwandeln die Fans ihren Block in ein leuchtendes Farbenmeer.

Burgen in Hülle und Fülle

In der Pfalz ist die Zahl der Burgen so hoch wie in wenigen Teilen Deutschlands. Zwischen 1100 und 1250 schossen die Anlagen wie Pilze aus dem Boden. Die Pfalz war schon immer Grenzland, so dass im Zuge zahlreicher Kriege – etwa dem Bauernkrieg (1525), dem Dreißigjährigen Krieg (1618–48) oder dem Pfälzischen Erbfolgekrieg (1688 bis 1697) – die meisten Burgen zerstört wurden und zu lächerlichen Ruinen verkamen. Noch recht gut erhalten oder wieder aufgebaut sind zum Beispiel die Reichsburg Trifels, die Burg Berwartstein und die Burgruine Altdahn-Grafendahn-Tanstein.

Markant ragt die Burgruine Altdahn-Grafendahn-Tanstein bei Dahn über den Baumwipfeln des Pfälzerwaldes auf.

service

Viel Kultur unter freiem Himmel

Spätestens Anfang Mai erwacht der Pfälzer aus seinem Winterschlaf. Dann eröffnet immer eine andere Stadt den Kultursommer Rheinland-Pfalz mit Straßentheater, Klassik-Konzerten, Musicals. Jedes Jahr unter neuem Motto: ›Rendezvous mit Frankreich‹, ›Muse, Mensch und Maschine‹, ›Stadt, Land, Fluss‹ ... Die meisten Veranstaltungen finden im Freien statt, ebenso wie die zahlreichen Schloss- und Burgkonzerte oder -festivals, die Stadt- und Weinfeste.

Manchmal wird sogar auf den Tischen getanzt – Straßentheater zur Eröffnung des Kultursommers in Zweibrücken.

Wein, so weit das Auge reicht

Würde man alle Pfälzer Weinstöcke in einer Reihe pflanzen, so ergäbe das eine Rebzeile, die fast dreimal um die Erde reichte. Mit rund 2,5 Millionen Hektolitern pro Jahr ist die Pfalz das ertragreichste Weinbaugebiet Deutschlands. Zu diesen Superlativen passt, dass die nachweislich ältesten Rebenweine der Welt in römischen Glasflaschen aus dem 2. bis 4. Jahrhundert im Historischen Museum in Speyer ausgestellt sind und das weltgrößte Weinfass – für 1,7 Millionen Liter – in Bad Dürkheim stehen soll.

Lieblich die Landschaft, süffig der Wein: Gleiszellen-Gleishorbach mit der Burgruine Landeck ganz im Hintergrund.

munera fundit

Städte mit Flair und Geschichte

Das über 2000 Jahre alte Speyer steckt voller Geschichtszeugen, bedeutendster ist der salische Kaiserdom. Wenig dagegen ist erhalten von der Pfalz, die sich 1152 Stauferkaiser Friedrich Barbarossa in Kaiserslautern bauen ließ. Antiken Spuren folgt Bad Dürkheim zusammen mit Wachenheim auf dem 20 Kilometer langen Römerrundwanderweg ›Quo vadis?‹. Zu ›Reisen wie König Josef‹ lädt Landau ein. So wie der Römische König um 1700 unterwegs war, geht's im original Landauer zu Gourmetmenüs, Kutschermahl, Picknick und Besichtigungen.

Plausch vor dem Speyerer Kaiserdom am so genannten Domnapf, der bei einer Bischofsneuwahl mit Wein gefüllt wurde.

Gutes Klima für die Kunst

Moderne Bildhauerkunst ist in der Pfalz zum Markenzeichen geworden. Jedes Jahr entstehen bei Symposien neue Kunstwerke. Die Skulpturen verbleiben am Ort ihrer Entstehung – und damit wächst der ›Skulpturenweg‹, etwa im Pfälzerwald in Rodalben, und um Trippstadt oder an der Südlichen Weinstraße zwischen Annweiler, Essingen, Bornheim, Offenbach und Herxheim oder in Städten wie Germersheim und Speyer.

Graziös auf einem Bein balanciert die ›Ballspielerin‹ aus der ›Badeanstalt‹ (1986) von Michael Lauter/Frank-Rainer Liebscher im Skulpturengarten Speyer.

Pfalz: Land und Leute,

Vitalität und Leichtigkeit

Seit Jahrhunderten wird an der Deutschen Weinstraße eine bemerkenswerte Weinkultur gepflegt. Doch es waren keine Pfälzer, die die ersten Reben pflanzten, sondern die alten Römer. Bereits um 160 n. Chr. entdeckten sie diesen Landstrich als Dorado für südländische Kultur. Sie brachten neben Wein auch Zitronen und Feigen von zu Hause mit und schafften ein kleines Früchteparadies, in dem heute auch Esskastanien und Kiwis heimisch sind und das nördlich der Alpen seinesgleichen sucht. Römische Vitalität und französische Leichtigkeit: Diese Kombination hat den Pfälzer geprägt.

Das Leben ein Fest

Vor allem der Wein und die damit verbundenen Feste sind der Schlüssel für das zuweilen überschäumende Pfälzer Temperament. Die Woge der Begeisterung schwappt über den Pfälzerwald bis in den äußersten Winkel der Südwestpfalz nach Zweibrücken. Quer über das Land wird etwas mehr gefeiert, getrunken, musiziert, gesungen und getanzt als anderswo, beinahe jeder Ort hat sein Heimatfest. Vom Weinfest über Kohlenbrennerfest, Hutmacherfest und Grumbeere-Fest bis hin zum

Schon Goethe schwärmte von den Winzerorten an der Mittelhaardt, wie Deidesheim – proper, malerisch, mit Blumen vor der Tür.

Herschberger Pferderennen – immer wird auf ursprüngliche Rituale zurückgegriffen. Bei all den Festen merkt der Fremde schnell, wie ausdauernd der Pfälzer beim Feiern und wie tief er in seiner Geschichte verwurzelt ist. Nicht zu wissen, wann welche Kaiser und Könige das Land regierten, ist unter Umständen eine – wenn auch verzeihliche – Bildungslücke. Interesse aber wird erwartet: Denn der Pfälzer ist stolz auf sich und sein Land. Eines ist dem Pfälzer fremd: die Hektik. Das französische *doucement* – langsam – bestimmt den täglichen Lebensrhythmus.

Vom Klima verwöhnt

Natürlich haben Aufgeschlossenheit und Frohsinn der Menschen auch mit dem Klima zu tun. Tatsächlich ist es nicht nur an der Deutschen Weinstraße für mitteleuropäische Verhältnisse relativ mild und sonnenreich. In der Rheinebene stöhnt man im Sommer bisweilen unter Hitze und Smog, vor allem über Ludwigshafen und Speyer kann sich manchmal tagelang ein grauer Dunstschleier legen. Die Deutsche Weinstraße profitiert dann bereits von der frischen Brise des Pfälzerwalds. An seinen Hügelkuppen hängen sich die Wolken am ehesten fest, hier kann der Regen auch mal in Kübeln vom Himmel prasseln.
Die Bezeichnung ›Pfälzer Bergland‹ für die sanfte Hügellandschaft, deren höchste Erhebungen kaum über 500 Meter reichen, leitet in die Irre. Dieses Gebiet, aufgrund eines Abschnitts seiner Geschichte auch ›Kuseler Musikantenland‹ genannt, ist wie die südlich angrenzende Sickinger Höhe nicht mehr von Wäldern, sondern von Agrarland und Wiesen beherrscht. ›König der Westpfalz‹ ist mit 687 Metern der Donnersberg, doch muss man schon den Turm besteigen, um in den Genuss einer Aussicht zu kommen.

Von hohem Wert: Pfälzerwald

Auch im Naturpark Pfälzerwald gibt es nur wenige Standorte, meist Burgruinen oder aus dem Waldmeer herausragende Felsen, die den Blick in die Ferne wenigstens ansatzweise gestatten. Meist sieht man jedoch sprichwörtlich vor lauter Bäumen den Wald nicht mehr: ›Größtes zusammenhängendes Waldgebiet Deutschlands‹ ist nur ein Etikett für das von der Unesco anerkannte Biosphärenreservat.
Wertvollster Baum in seinen Forsten ist die Traubeneiche. Obwohl im Durchschnitt nur mit elf Prozent am jährlichen Gesamteinschlag beteiligt, bringt sie doch fast 25 Prozent des Gesamtgewinns ein. Das liegt daran, dass diese 250 bis 300 Jahre alten ›Werteichen‹ einen hohen Anteil an Furnierholz liefern. Beste Furniereiche hat in manchen Jahren schon Spitzenpreise bis zu 6500 Euro pro Festmeter erzielt, einfaches Sägeholz dagegen nur 75 Euro. Werteichenwaldbau findet man in Deutschland außer im Pfälzerwald nur noch im Spessart. Einen Überblick über die verschiedenen Stadien geben die Wanderwege von Johanniskreuz bei Trippstadt.

Wenn im Frühjahr in Landau die Magnolien und Mandelbäume erblühen, erhält selbst die mächtige Marienkirche eine zarte Note.

Magnet Weinstraße

Die Paradelandschaft, auch für die touristische Vermarktung, ist jedoch die Deutsche Weinstraße. Sie teilt sich in die Weinbaugebiete Mittelhaardt/Deutsche Weinstraße und Südliche Weinstraße auf. Offiziell führt die Deutsche Weinstraße vom Deutschen Weintor in Schweigen-Rechtenbach, das in den 1930er-Jahren entstand und seither ihren südlichen Anfangspunkt markiert, über fast 100 Kilometer bis zum ›Haus der Deutschen Weinstraße‹ in Bockenheim, das 1995 als Pendant hinzugekommen ist. Doch die Orte zwischen Maikammer und Bad Bergzabern fühlen sich der Südlichen Weinstraße zugehörig.
Schwer zu sagen, was genau ihren Reiz ausmacht. Für die einen ist es das mediterrane Flair der südwestlichen Ecke Deutschlands, wo die zartrosa Blüten der Mandelbäume oft schon im März Frühlingsfreude wecken. Andere schätzen die Nachbarschaft zu Frankreich, die dafür sorgt, dass das typische *savoir vivre*, die Lebenslust und Genussfreude, hier besonders ausgeprägt ist. Manch einer ist begeistert von der langen und reichen Geschichte, auf deren steinerne Zeugen – Reste römischer Siedlungen, Burgruinen, Schlösser, Klöster und Kirchen – der Besucher auf Schritt und Tritt stößt. Wieder andere schwärmen vom Zauber der malerisch-verträumten Winzerdörfer und den sanften Hügeln der Weinberglandschaft.
Dabei sind zwei Dinge, die die Deutsche Weinstraße so beliebt machen, noch gar nicht berücksichtigt: die Menschen mit ihrer freundlichen und liebenswert offenen

Art und natürlich der Wein, der die pfälzische Landschaft geformt und das Aussehen der Siedlungen beeinflusst hat. Übrigens: Von ihrer schönsten Seite erlebt man die Weinstraße zu Fuß oder per Rad.

Ereignisreiche Vergangenheit

Aus Funden sind die ersten Besiedlungen der Region auf die Steinzeit zurückzuführen. Weitere Ausgrabungen deuten auf die Bronze- und Eisenzeit vor über 3000 Jahren hin. Zwischen 700 und 500 v. Chr. kamen dann die Kelten, die beispielsweise am Donnersberg oder bei Kaiserslautern und Bad Dürkheim zahlreiche Spuren hinterlassen haben, bevor etwa 100 v. Chr. die ersten Germanen und rund 250 Jahre später die Römer ankamen, die die Pfalz relativ dicht besiedelten. In diese Zeit fiel auch die Gründung der Stadt Speyer.

Eher von Liebe als der Pfälzer Geschichte singt der Lautenspieler beim Mittelalterfest auf der Burgruine Gräfenstein bei Merzalben.

406 mussten sich die Römer wieder über die Alpen zurückziehen. Es folgten die Alemannen und Burgunder, die sich jedoch schon kurz darauf den Hunnen geschlagen geben mussten. Aber auch deren Einfluss dauerte nicht lange, denn noch vor dem 5. Jahrhundert zogen bereits die Franken ein. Diese gründeten eine Vielzahl von Orten in der Vorderpfalz, einfach zu erkennen an den Endungen -ingen, -heim, - statt oder -stein.

Die Westpfalz blieb hingegen weitgehend unbesiedelt. Im 7. Jahrhundert teilten die Merowingerkönige die Pfalz in Gaue ein, darunter auch den Speyergau. Als deren Machthaber ab 1024 zu Königen und Kaisern gewählt wurden, entwickelte sich Speyer zum deutschen Machtzentrum. In dieser Zeit wurde auch die Mehrzahl der Pfälzer Burgen gebaut und zumeist von Pfalzgrafen bewohnt. Im Mittelalter folgte schließlich die Zerstückelung des Landes, was zu zahlreichen kriegerischen Auseinandersetzungen um die ständig wechselnden Machtverhältnisse führte, wobei die meisten der Pfälzer Burgen und Klöster wieder zerstört wurden.

Die Reformation (1517) leitete eine erneute Wanderbewegung der Bevölkerung ein, da katholische Bürger das Land verlassen mussten und Protestanten, die ihrerseits aus Frankreich, Belgien oder den Niederlanden ausgewiesen wurden, in der Pfalz eine neue Heimat fanden. Nach den hohen Bevölkerungsverlusten durch den Dreißigjährigen Krieg waren es später die Franzosen, die über die Region herfielen. 1777 wurde die Pfalz mit Bayern vereinigt, später folgten zwei weitere französische Zwischenspiele (1801–1816 und 1918–1930). Die Pfalz ist aber auch ein Meilenstein auf dem Weg zur modernen Politik: Mit den Worten ›Hinauf Patrioten zum Schloss, zum Schloss‹ zogen am 27. Mai 1832 rund 30 000 freiheitsliebende Bürger aus allen Teilen Deutschlands, aus Frankreich und Polen zum Hambacher Schloss, um für die Freiheit und Einheit Deutschlands zu demonstrieren. Es war die erste politische Volksversammlung in der deutschen Geschichte. Seither gilt das Schloss als Wiege der deutschen Demokratie.

›Schäne Pälzer Mundart‹

Unabhängig davon, wo man in der Pfalz unterwegs ist: Der eigenwillige Pfälzer Dialekt wird einem überall begegnen. Er ist von Ort zu Ort in Nuancen unterschiedlich gefärbt und hebt sich von der Schriftsprache deutlich ab. Eine Kostprobe gibt die letzte Strophe der ›Trauwekur‹ von Hermann J. Settelmeyer aus Lingenfeld: ›Soun Daach im Wingert isch en Spaß / halt Leib un Seel in Schwung, / bringt Herz un Kreislauf frisch uf Trab / un macht dich widder jung. / Kä Depressione hänn do Platz, / kä Rheuma un kä Gicht: / Trink kräftich Moscht un waart e Schtunn, / dann merkscht, wie schnell d noch bischt!‹

Für Tradition steht in Pirmasens nicht nur das barocke Rathaus: Hier und in Orten der Umgebung stellt man nach wie vor Schuhe her.

Ein moderner Industriestandort – in jeder Beziehung – ist die Rheinstadt Ludwigshafen. Der Blick durch das ›Lichttor‹ zum Rathaus.

Im Gedenken an den verehrten Pfalzpoeten Paul Münch (1879–1951) begeht Bockenheim seit 1953 jedes Jahr im Herbst einen Wettstreit der Pfälzischen Mundartdichter. Als Ergänzung finden seit 1978 im Frühjahr die Mundarttage statt, auf denen in Lesungen, Stücken, Vorträgen, Liedern auch andere deutsche Dialekte zu Gehör gebracht werden. Zwei Beiträge zum Erhalt kultureller Eigenheiten in unserer immer schneller ›vergessenden‹ Zeit.

Wirtschaft im Wandel

Besonders in den ländlichen Gebieten der Pfalz spielen Fremdenverkehr und Gastgewerbe eine immer größere Rolle. Die steigende Nachfrage an Dienstleistungen führt zu neuen Arbeitsplätzen, was angesichts der seit 20 Jahren rückläufigen Industrie für die wirtschaftliche Gesamtbilanz auch dringend vonnöten ist. Vor allem Traditionsbranchen wie die Schuhindustrie im Raum Pirmasens mussten immer wieder Einbußen verkraften, da einzelne Betriebe lieber im kostengünstigeren Ausland produzierten. Heute versucht die Schuhindustrie, den Negativtrend durch die Konzentration auf High-Tech, Mode, Kundenservice und qualifizierte Ausbildung zu stoppen. Anderen traditionellen Gewerben wie der Holz- und Papierindustrie in den Tälern des Haardtgebirges und Pfälzerwalds sowie der Eisen schaffenden Industrie im Donnersbergkreis ergeht es nicht viel besser; sie verlieren vor allem strukturbedingt an Bedeutung.

Anders die Rheinstädte: Ludwigshafen ist dank BASF zu einem der wichtigsten Chemiestandorte Europas avanciert, in Germersheim hat eines der größten Lager für Fahrzeugteile von Mercedes-Benz seinen Standort gefunden, und Speyer gilt als Zentrum pfälzischer Druckindustrie.

Außen und innen hochmodern: das Pfalztheater in Kaiserslautern. Hier der Blick in das ›luftige‹ Entrée.

Modern mit Tradition: Kaiserslautern

Bereits 1152 ließ Kaiser Friedrich I. hier eine Pfalz erbauen. Heute zieht es Unternehmen der Informations- und Kommunikationstechnik in das Oberzentrum der Westpfalz. Sie bauen auf die über 8000 Studenten, die an der 1970 gegründeten Universität in zukunftsorientierten Fächern ausgebildet werden. Nebenbei verbessert sich die städtische Qualität: Seit 1995 wird das technisch bestens ausgestattete Pfalztheater bespielt, und die Landesgartenschau 2000 hinterließ ein beliebtes Naherholungsgebiet.

△ Kaiserslautern: Die Stiftskirche gilt als Südwestdeutschlands bedeutendste spätgotische Hallenkirche

△ Der ›Schöne Brunnen‹ vor der Stiftskirche wird 1571 erstmals erwähnt

△ Beliebte Treffpunkte: die Cafés am Martinsplatz ...

... und das historische Gasthaus ›Zum Spinnrädl‹ ▽

Martinsplatz ▽

Die Lutra, die an den ersten Siedlungen vorbeifloss, gab Kaiserslautern seinen Namen. Von der Lauter, wie der Fluss inzwischen heißt, ist heute nichts mehr zu sehen: Er fließt in betonierten Kanälen unterirdisch durch die Stadt. Der Begriff ›Kaiser‹ bezieht sich wohl auf Friedrich I., der zwischen 1152 und 1186 acht Mal die von ihm erbaute Pfalz aufsuchte, um dort seine Feldzüge gegen die Langobarden vorzubereiten.

Die ›Pfälzische Union‹

Nicht gegen, sondern miteinander hieß die Devise der ›Pfälzischen Union‹ 1818: Reformierte und Lutheraner, seit der Reformation 300 Jahre lang getrennt, schlossen sich zu einer Religionsgemeinschaft zusammen. Vorangegangen war eine Abstimmung in der Region, die mit 40 167 Ja-Stimmen gegen 543 Nein-Sager eine überwältigende Mehrheit für die Union brachte. Höhepunkt der Verbrüderung war eine gemeinsame Abendmahlsfeier am 18. August 1818 in der Stiftskirche von Kaiserslautern. Das Unionsdenkmal in der Eingangshalle erinnert an dieses kirchenpolitische Ereignis.

Lebensgefühl – einst und jetzt

Kaum jemand würde sich noch an das Ehepaar Johann Jacob und Johanna Jacobina Tascher erinnern, das zu jener Zeit, Anfang des 19. Jahrhunderts, in Kaiserslautern lebte, wenn es nicht stellvertretend für die Stadtbevölkerung jener Zeit im Theodor-Zink-Museum porträtiert worden wäre. So geben neben der Wohnungseinrichtung aus soliden Biedermeiermöbeln auch typische Accessoires wie Freundschaftstassen, Andenkengläser und Poesiealben einen Eindruck von den damaligen Lauterern.

Heute – so möchte man meinen – sitzt die Bevölkerung am liebsten in der Kneipe. Intensive Kommunikation mit den Tischnachbarn garantiert. Gesprächsthemen gibt es genug – und Kneipen auch. Im Sommer ›hocken‹ die Leute dabei gern im Freien, etwa rund um den St.-Martins-Platz oder am St.-Marien-Platz. Wenn es kühler wird, trifft man sich im nahen ›Spinnrädl‹ zum ›Schoppe‹ Wein und deftiger Pfälzer Suppe.

△ ›Wegweiser‹ zu Kaiserslauterns neuem Pfalztheater: Maske aus Carrara-Marmor

Volksfeststimmung vor der Fruchthalle ▽

△ Stadtgeschichte skurril: Kaiserbrunnen am Mainzer Tor

△ Wasserspiele auf dem Schillerplatz

Musikgenuss in der Fruchthalle ▽

Welcome in ›K-Town‹

Die Pfälzer Tradition hat sich bewahrt, trotz des Einzugs der Amerikaner. Nach dem Ende des Zweiten Weltkriegs kamen sie als Besatzer und machten Kaiserslautern zur größten Garnison in Europa – mit bis zu 80 Bars und ähnlichen Betrieben im Gefolge. Rockmusik und amerikanische Straßenkreuzer hielten Einzug in ›K-Town‹, aber auch 500 000 Tonnen Munition im Lager Miesau. Flugzeuge dröhnen noch heute über den Dächern beim Anflug auf den nahen Militärflughafen Ramstein. Jetzt, wo sich die ›Amis‹ wieder zurückziehen, wird vielen schmerzlich bewusst, dass damit auch manche Einnahmequelle verloren geht. Immerhin flossen durch die Militäreinrichtungen rund um Kaiserslautern noch 1999 über 800 Millionen Dollar in die Kassen – durch Gehaltszahlungen, Einkäufe und Bauvorhaben.

Im Pfalztheater spielt Musik

Ein Bau der Stadt ist das 1995 eröffnete Pfalztheater. 90 Millionen Mark soll es gekostet haben. Das von dem Architekten Thomas Beisert geschaffene Gebäude besticht durch den Kontrast von rotem Sandstein und transparenten Glasflächen. Hauptanliegen von Intendant Wolfgang Quetes ist es, mit Operetten und Ballettaufführungen den Publikumsgeschmack zu treffen. Besonderen Wert legt er dabei auf die Förderung junger Regisseure, Sänger, Tänzer und Schaupieler. Das experimentelle Theater der Werkstattbühne hat einen separaten Raum. Im Nachtcafé im Foyer finden auch mal kleinere Musikveranstaltungen statt, wie ein Liederabend der 1920er-Jahre.

Lilly Lamm, Wonnebert Wutz

Kaiserslautern putzt sich, auch im Freien. Die Landesgartenschau 2000 – die erste übrigens in Rheinland-Pfalz – nannten Insider die schönste Gartenschau, die jemals stattgefunden hat. Eines der Maskottchen, Lilly Lamm, steht für die frühere Kammgarnspinnerei, das andere, Wonnebert Wutz, für den ehemaligen Schlachthof. Die Gebäude sowie das umliegende Gelände der beiden Betriebe wurden gründlich saniert und in die Gartenschau ein-

△ Kaiserslautern: Hinter der schönen Neo-Renaissance-Fassade präsentiert die Pfalzgalerie am Museumsplatz heute vornehmlich Malerei und Plastik des 19. und 20. Jahrhunderts

△ Modern in ihren Bauten wie im Anspruch: die Universität

Bundesliga-Alltag im Fritz-Walter-Stadion: Volles Haus und stürmender 1. FCK ▽

△ *Das größte Volksfest der Westpfalz: Zum Maimarkt ...* *... strömen die Massen auf den Messeplatz* ▽

bezogen. Und sie blieben genauso wie die Anlagen am Kaiserberg und im Neumühlepark den Lauterern als Naherholungsgebiet erhalten.

Die roten Teufel vom ›Betze‹

Seit langem zum Lebensrhythmus der Stadt gehören die Spiele des 1. FC Kaiserslautern. Bereits 1954, als Deutschland zum ersten Mal die Fußballweltmeisterschaft gewann, waren fünf Spieler aus Kaiserslautern dabei. Noch deutlicher in Erinnerung sind die Jahre 1991 und 1998, als die ›roten Teufel vom Betzenberg‹ dem hoch favorisierten FC Bayern München die Deutsche Meisterschaft vor der Nase wegschnappten und die ganze Region in einen tagelangen Freudentaumel stürzte. Schon Stunden bevor der ›FCK‹ antritt, pilgern die Fans den Betzenberg hinauf zum stets ausverkauften Fritz-Walter-Stadion. Wer keine Eintrittskarte mehr erhalten hat, erfährt trotzdem den Spielstand: Jeder Torschrei ist bis in den letzten Winkel der Stadt zu hören.

Uni im Dienst der Wirtschaft

Von weitaus ernsterer Qualität sind die Vorlesungen an der Universität in den Bereichen Biotechnologie, Informatik, Wirtschaftswissenschaft, Chemie oder im Ingenieurwesen. Obwohl erst 30 Jahre alt, hat die Universität Kaiserslautern mit ihren 8000 Studenten mittlerweile den Ruf eines ›Delikatessenladens‹ unter den deutschen Universitäten, was das Angebot der Studienfächer betrifft.

Die Spezialisierung auf zukunftsorientierte Fächer hat der Region auch bereits wirtschaftlich genützt: Zahlreiche Industriebetriebe haben sich in und um Kaiserslautern angesiedelt, um von den Forschungsleistungen der Universität zu profitieren. Diese entwickelte schon vor Jahren ein Konzept, ihr Wissen für die Industrie nutzbar zu machen: Kontaktstelle für Information und Technologie (KIT) heißt der ›heiße Draht‹ zum universitären Wissen, beispielsweise bei der Beschaffung von Informationen. Auch im Bereich der betrieblichen Weiterbildung hat die Universität ein starkes Engagement entwickelt. Wissenstransfer ist gefragter denn je.

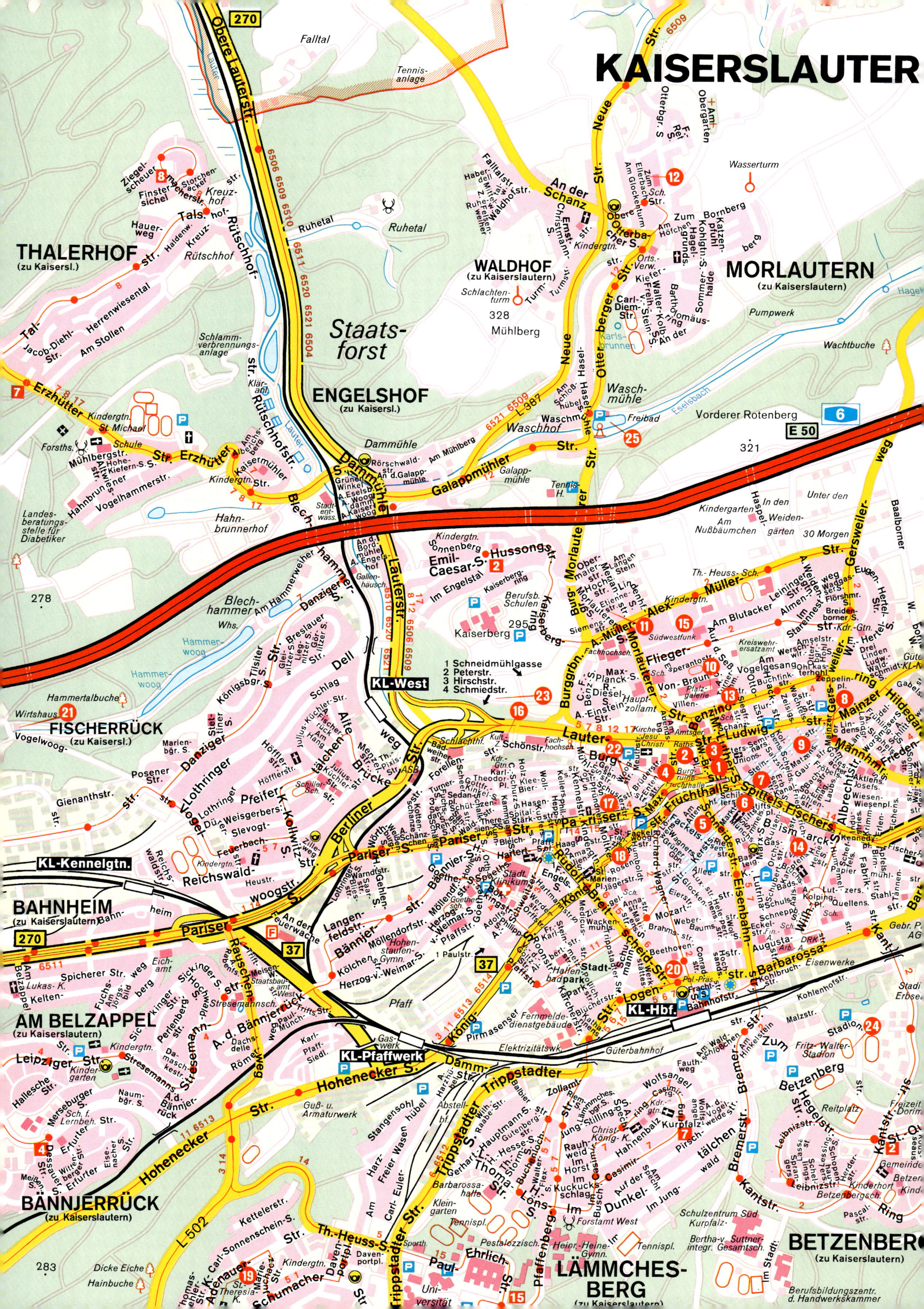

KAISERSLAUTER
THALERHOF
(zu Kaisersl.)
ENGELSHOF
(zu Kaisersl.)
WALDHOF
(zu Kaiserslautern)
MORLAUTERN
(zu Kaiserslautern)
FISCHERRÜCK
(zu Kaisersl.)
BAHNHEIM
(zu Kaiserslautern)
AM BELZAPPEL
(zu Kaiserslautern)
BÄNNJERRÜCK
(zu Kaiserslautern)
BETZENBERG
(zu Kaiserslautern)
LÄMMCHES-
BERG
Staats-
forst
Falltal
Tennis-
anlage
Ruhetal
Mühlberg
328
Vorderer Rotenberg
321
Wachtbuche
Pumpwerk
Wasserturm
Dammühle
Galappmühle
Waschmühle
Hahnbrunnerhof
Blechhammer
Hammerwoog
Hammertalbuche
Wirtshaus
Kaiserberg
295
278
283
E 50
6
270
37
L 387
L 502
KL-West
KL-Kennelgtn.
KL-Pfaffwerk
KL-Hbf
Obere Lauterstr.
Erzhütter Str.
Galappmühler Str.
Lauterstr.
Neue Str.
Pariser Str.
Berliner Str.
Mannheimer Str.
Barbarossa-Str.
Hohenecker Str.
Trippstadter Str.
Logenstr.
Dammstr.
Königstr.
Rudolf-Breitscheid-Str.
Fruchthallstr.
Spittelstr.
Eisenbahnstr.
Gersweilerweg
Kantstr.
Bremerstr.
Pfaff
Güterbahnhof
Elektrizitätswk.
Guß- u. Armaturwerk
Uni-
versität
Betzenberg
Stadion
Fritz-Walter-Stadion
Reitplatz
Schulzentrum Süd
Berufsbildungszentr. d. Handwerkskammer
Dicke Eiche
Hainbuche
1 Schneidmühlgasse
2 Peterstr.
3 Hirschstr.
4 Schmiedstr.

Wo gibt es was?

Nadelnummer = Textnummer ⓘ = Auskunft

Kaiserslautern

Die Stadt (100 000 Einw.) ist zentraler Wirtschaftsstandort der Westpfalz. Das Spektrum der Branchen reicht vom traditionellen Maschinenbau über die Chemiefaserherstellung bis zur Software-Entwicklung. Ausgeprägt sind auch der Dienstleistungs- und Gastronomiesektor.

Geschichte: 250 n. Chr. römische Siedlungen im Bereich der Innenstadt und beim Einsiedlerhof. 622 Gründung des Königshofs Lutra. 882 erste urkundliche Nennung von Kaiserslautern. 985 verleiht Otto III. das Recht auf Markt, Zoll und Bann. 1152 Bau der Kaiserpfalz durch Friedrich I. (Barbarossa). 1276 Verleihung der Stadtrechte durch Rudolf von Habsburg. 1375 Anschluss an die Kurpfalz. 1635 Zerstörung beim ›Kroatensturm‹ im Dreißigjährigen Krieg, 1703 Zerstörung durch die Franzosen. 1777 Gründung der ersten europäischen Cameral-Hohe-Schule zur Sicherung der Staatsfinanzen durch Finanz-, Steuer-, Wirtschafts-, Verwaltungslehre. Ab 1801 Unterpräfektur unter Napoleon. Nach dessen Niederlage und dem Wiener Kongress fiel die Pfalz 1816 an Bayern. 1843–48 Bau der Bahnlinie Rhein–Saar. 1849 Sitz der provisorischen Regierung der Pfalz. 1850 Beginn der Industrialisierung. 1944 Zerstörung zu 60 % im Zweiten Weltkrieg. 1951–55 größte US-Garnison in Europa. 1970 Gründung der Universität. 1976 Verleihung der Europafahne.

Altstadt ①–⑧

Von der 1152 erbauten **Kaiserpfalz** ① sind nur noch wenige Mauerreste vorhanden; eine Pflasterung auf dem Rathausvorplatz weist auf den einstigen Grundriss (28 mal 19 m) hin. Auch vom **Casimirschloss**, das Pfalzgraf Johann Casimir mit dem Beinamen ›Jäger aus Kurpfalz‹ nach 1571 nebenan errichten ließ, existiert nur noch ein umgebauter Rest, dessen Saal die Stadt als ›Gute Stube‹ zu feierlichen Anlässen nutzt. Das **Rathaus** (1968) ② birgt das **Stadtarchiv** (Willy-Brandt-Platz 1; mo–do 9–12 und 14–16, fr 9–12 Uhr). Modernste Bühnentechnik für 700 Zuschauer im **Pfalztheater** ③ (1995; Willy-Brandt-Platz 4/5). Nach dem Vorbild des Palazzo Medici in Florenz entstand die **Fruchthalle** ④ (1843–46; Fruchthallstraße). Ältester erhaltener Fachwerkbau (1740) der Stadt ist die Gaststube **›Zum Spinnrädl‹** ⑤ (Schillerstraße). Die **Stiftskirche** ⑥ aus rotem Sandstein am Stiftsplatz gehört zu den bedeutendsten spätgotischen Hallenkirchen Südwestdeutschlands; von dem Prämonstratenser-Orden im 13. Jh. erbaut, wurde sie später zur ev. Pfarrkirche umgewandelt. Der **Schöne Brunnen** (1571) davor spiegelt Kaiserslauterns Bedeutung in alten Zeiten wider: auf dem Aufsatz neben dem Stadtwappen einen Reichsadler als Zeichen der Reichsfreiheit, daneben einen Löwen als Symbol für die Landesherrschaft. Die Kath. **Pfarrkirche St. Martin** ⑦ ist die ehemalige Minoritenkirche (13. Jh.; St.-Martins-Platz 5); sie gilt als typische Vertreterin einer mittelalterlichen Bettelordenskirche, die barocke Stuckdecke wurde 1710–20 eingebaut. Der **Kaiserbrunnen** ⑧ (1987, Gernot Rumpf) am Mainzer Tor zeigt in Symbolen aus Bronze und Sandstein Vergangenheit und Gegenwart der Stadt.

Museen und Galerien ⑨–⑫

Das **Theodor-Zink-Museum** ⑨ im früheren Fuhrmannsgasthof (1817; Steinstr. 8), birgt die umfangreichste Sammlung stadtgeschichtlicher und volkskundlicher Exponate von Kaiserslautern (di–fr 9–17, sa und so 10–18 Uhr). Im **Wadgasserhof** (1619) gegenüber, einst Wirtschaftshof des Prämonstratenser-Klosters Wadgassen, Ausstellungen von historischem und aktuellem Kunsthandwerk sowie Gewürz- und Heilkräutergarten (Steinstr. 55; di–fr 9–17, sa und so 10–18 Uhr). Eines der bedeutendsten Museen in Rheinland-Pfalz ist die **Pfalzgalerie** ⑩ mit Werken heimischer Künstler wie Hans Purrmann, Albert Weisgerber, Otto Dill, Albert Haueisen und Max Slevogt; Wechselausstellungen, Sonderveranstaltungen (Museumsplatz 1; di–so 10–17, di bis 21 Uhr). Avantgardistische Kunst in der **Galerie Wack** ⑪ (Morlauterer Str. 80; di–fr 14–19, sa 11–16 Uhr). Bierkrüge mehrerer Epochen zeigt das **Bierkrugmuseum** ⑫ im Stadtteil Morlautern (Zum Ellerbach 9; mo–fr 16–19 Uhr).

Bibliotheken ⑬–⑭

Mehr als 15 000 Bände Literatur über die Pfalz stehen im **Institut für pfälzische Geschichte und Volkskunde** ⑬; hinzu kommt eine umfangreiche Sammlung von landeskundlichen Examensarbeiten, Urkunden, Karten, Plänen sowie Briefen pfälzischer Auswanderer (Benzinoring 6; mo–do 9–12 und 14–16, fr 9–12 Uhr). Viel Literatur über Pfälzer Geschichte, Kunst und Kultur besitzt auch die **Pfalzbibliothek** ⑭ (Bismarckstr. 17; mo, mi, do 9–12.30 und 14–16.30, di 9–12.30 und 14–18, fr 9–15 Uhr).

Kulturszene ⑮–㉒

Theater: Im **Pfalztheater** ③ abwechselnd Opern, Operetten, Schauspiele, Musicals und Ballett (Kassenzeiten di–sa 10–13, di–fr 16–18 Uhr, Tel. 0631/3675-286). Im **Altstadttheater** im Edith-Stein-Haus nahe St. Martin ⑦ Theaterstücke in Pfälzer Mundart (Engelsgasse 1; Tel. 0631/68489).

Konzerte: In der **Fruchthalle** ④ Sinfonie- und Kammerkonzerte (Tel. 0631/3651410). Beim **Südwestfunk** ⑮ Studiokonzerte des Rundfunk-Orchesters (Fliegerstr. 36, Tel. 0631/3622840). Im **Kulturzentrum Kammgarn** ⑯ Livebands aus Jazz, Pop, Rock, daneben Comedy, Tanz- und Kindertheater (Schönstr. 10, Tel. 0631/3652548). Regelmäßig Kirchenkonzerte in **Stiftskirche** ⑥ (Tel. 0631/69543), **St. Martin** ⑦ (Tel. 0631/93183), **Apostelkirche** ⑰ (Spitalstr. 23, Tel. 0631/70184), **St. Maria** ⑱ (St.-Marien-Platz 1, Tel. 0631/13182), **St. Theresia** ⑲ (Stadtteil Lämmchesberg, Konrad-Adenauer-Str. 31, Tel. 0631/18181).

Szene: Livemusik-Treffs für Junge und Junggebliebene bis in die Morgenstunden: **Musikkeller ›Abwärts‹** ⑳ (Logenstr. 4, Tel. 0631/60952); **Am Vogelwoog** ㉑ (Vogelwoogstr. 1, Tel. 0631/50314); **Fillmore** ㉒ (Mühlstr. 3, Tel. 0631/95381); **Irish House** (Eselsfürth 11, Tel. 0631/40680; westl. Verlängerung der Mainzer Straße, außerhalb der Karte).

Sport und Freizeit ㉓–㉕

Seit der Landesgartenschau 2000 gründlich saniert das Naherholungsgebiet (22 ha) am Fuß des **Kaiserbergs** ㉓. Heimat des 1. FC Kaiserslautern (Geschäftsstelle, Stadionstraße, Tel. 0631/31880) ist das moderne **Fritz-Walter-Stadion** ㉔ (42 000 Zuschauer) im Stadtteil Betzenberg. **Freibad Waschmühle** ㉕ (Mai–Sept. mi–mo 8–20, di 12–20 Uhr). **Warmfreibad** (Entersweilersstraße, östl. Verlängerung der Barbarossastraße; Mai–Sept. di–so 8–20, mo 12–20 Uhr). Strandbad *Gelterswoog* (10 km südw.), Badesee (Mitte Mai–Mitte Sept. tgl. 9–20 Uhr). Tierpark *Siegelbach* (7 km nordw.; Sommer tgl. 8.30–18.30 Uhr, sonst kürzer). Westpfalz-Wander-Weg und Radverleihe (Infos Tourist-Information).

Shopping

In der Fußgängerzone stehen Supermärkte, Kaufhäuser, Sportgeschäfte, Boutiquen dicht beieinander.

Beliebt bei Schnäppchenjägern ist der Fabrikverkauf des Modedesigners Otto Kern, Ecke Eisenbahn-/Augustenstraße.

Märkte und Veranstaltungen

Fastnachtsmarkt, Messeplatz (4 Tage bis Faschingsdienstag); Maimarkt, Messeplatz, größtes Volksfest der Westpfalz (Anf. Mai); Altstadtfest zwischen St.-Martins-Platz und Mainzer Tor (1. Juli-Wochenende); Barbarossa-Woche, Fußgängerzone (1. Sept.-Woche); Oktobermarkt, Messeplatz (Anf. Okt.); Weihnachtsmarkt, um die Stiftskirche und auf dem Schillerplatz (Dez.); Kulturmarkt, Fruchthalle (vor Weihnachten).

ⓘ Tourist Information, Rathaus, Willy-Brandt-Platz 1, 67653 Kaiserslautern, Tel. 0631/365231, Fax 0631/3652723, www.kaiserslautern.de

Maßstab 1:20.000 (0 200 400 600 800 1.000 m)

Von der einstigen Bedeutung der Burg Frankenstein bei Hochspeyer ist noch heute viel zu erahnen.

Nordpfalz: Burgen nicht nur am Donnersberg

Der Donnersberg hatte schon in der Frühgeschichte eine hohe Anziehungskraft. Kelten und Römer siedelten sich an seinen Hängen an, bewirtschafteten das Land und gruben mit einfachen Mitteln nach den metallhaltigen Erzen im Fels. Der Keltenweg bei Kirchheimbolanden folgt ihren Spuren. Im Mittelalter bauten Ritter und Mönche Burgen und Klöster, etwa Burg Falkenstein bei Rockenhausen oder die Abtei in Otterberg. Heute kommen die Touristen, um den weiten Ausblick zu genießen – oder um Urlaub auf dem Bauernhof zu machen.

Arkadenbau der Renaissance: Alsenz' Altes Rathaus ▽

△ Die spätgotische Schlosskirche überragt Meisenheim am Glan, das 1444 durch Erbschaft an Pfalz-Zweibrücken gefallen war

Kanuten auf Glan-Tour ▽

△ *In einer Reihe: Obermoschels evangelische und katholische Kirche*

Zu Füßen des Rheingrafensteins: Bad Münster ▽

Hoch im Norden der Pfalz konnte die Verbandsgemeinde Alsenz-Obermoschel bereits dreißigjähriges Jubiläum feiern. Unter dem Dach der beiden traditionsreichen Orte Alsenz und Obermoschel sind heute 16 verschiedene Gemeinden vereint. Stolz zeigt man auf das gemeinsam Erreichte: In Schulen, Kindergärten, bei der Feuerwehr oder der durchgängigen Wasserversorgung, in allen Bereichen wurden Verbesserungen erzielt, weil alle an einem Strang zogen.

Sendemast mit Sonnenblick

Mit 687 Metern ist der Donnersberg die höchste Erhebung in der Pfalz. Noch höher hinaus kommen nur die Mitarbeiter des Südwestrundfunks auf dem Sendeturm Donnersberg. Mit ihren Antennen sorgen die 13 Techniker und Ingenieure dafür, dass mehr als ein Viertel der rheinland-pfälzischen Haushalte das Erste, Zweite und Dritte Fernsehprogramm empfangen und dass jeder, der in der Region im Auto unterwegs ist, einem der vier Hörfunkprogramme des SWR lauschen kann.

Der in den 1960er-Jahren errichtete Betonturm ragt exakt 202 Meter in die Höhe. Im unteren Bereich sind die Sendeanlagen und Büros untergebracht, während ganz oben an der Spitze nur noch Antennen in den Himmel ragen. Von dort reicht die Sicht bei klarem Wetter fast 60 Kilometer weit, und die Mitarbeiter schwärmen von jenen seltenen Tagen, an denen es unten regnerisch und trüb ist, während oben an der Turmspitze über den Wolken die Sonne scheint. Im Gegensatz zu den SWR-Mitarbeitern muss der normale Besucher mit dem aus Stein gemauerten Ludwigsturm vorlieb nehmen. Doch auch von dort ist die Sicht an schönen Tagen überwältigend.

Start am Ludwigsturm

Direkt am Ludwigsturm beginnt ein Wanderweg, der rund um den Donnersberg zu allen historisch markanten Stellen führt. Nach nur wenigen Schritten weist bereits das rekonstruierte Teilstück des Keltenwalls auf eine Besiedelung im 2. Jahrhundert hin. Über Dannenfels

△ Die Burgruine Falkenstein wacht über den gleichnamigen Ort ... ... mit dem einsamen Kirchturm ▽

△ Pause auf der Donnersberg-Wanderung: Erbsensuppe zur Stärkung

△ Auf dem Donnersberg: der Ludwigsturm …

… und die weithin sichtbare Sendeanlage des SWR ▽

und das Wildensteiner Tal geht es hinunter nach Steinbach, einem kleinen Ort mit dem wohl schönsten gotischen Gotteshaus der Westpfalz. Obwohl erst um 1450 erbaut, ist die Kirche noch mit einem Wehrturm versehen.

Auf einem Felsausläufer am Südwestrand des Donnersbergs liegt die Burgruine Falkenstein. Innerhalb der komplett renovierten Ruine entstand 1993 eine Freilichtbühne, um die herum jedes Jahr im Sommer ein riesiges Burgfest mit mittelalterlichem Markttreiben stattfindet.

Im Innern des Donnersbergs

Bei Imsbach wurden bis 1911 Metallerze unter Tage abgebaut. Vor Betreten des heutigen Schaubergwerks ›Weiße Grube‹ verteilt der Stollenführer bunte Schutzhelme mit dem Hinweis, sie bestimmt zu brauchen. In der Tat, schon nach wenigen Metern stößt man zum ersten Mal mit dem Kopf an die niedrige Stollendecke. Und obwohl der Gang für die Besucher vor einigen Jahren mittels moderner Bohrtechnik um einiges verbreitert wurde, wird immer noch deutlich, unter welch unmenschlichen Bedingungen die Bergleute von einst nach den mit Kupfer, Silber, Eisen angereicherten Erzen im steinharten Fels suchen mussten.

Dabei konnten sie den Fels nur mit kleinen einfachen Meißeln bearbeiten. Ein Mann brachte pro Tag den etwa 1,5 Meter hohen und 60 bis 70 Zentimeter breiten Stollengang nur um fünf Zentimeter voran. Erzhaltige Adern hat man an ihrem Farbton erkannt: Kupfer schimmert bläulich, Eisen rotbraun und das noch wertvollere Silber hell glänzend. Kam eine Ader zum Vorschein, wurde in ihrer Richtung weiter gegraben, bis sie zu Ende ging. Das erklärt die vielen unvermittelt beginnenden und oft nach wenigen Metern wieder endenden Seitengänge. Die abgeschlagenen Erze wurden in kleine Holzwagen gefüllt, Kinder mussten sie dann ans Tageslicht schieben. Die Weiterverarbeitung erfolgte in Laugereien der näheren Umgebung. 1720 gewann man monatlich 50 Zentner Kupfer und 12 Pfund Silber, unter anderem zur Herstellung von Werkzeugen, Münzen, Waffen, Schmuck.

△ Rockenhausen: Im alten Kahnweilerhaus gibt's moderne Kunst

△ Kirchheimbolanden: Mozartorgel in St. Paul

An der 1917 erbauten katholischen Sebastianskirche ist alles rund ▽

△ Eine moderne Astronomische Uhr markiert …

Kirchheimbolanden: Blick durch den Roten Turm der mittelalterlichen Stadtbefestigung

... das Pfälzische Turmuhrenmuseum von Rockenhausen mit einem der größten Turmuhrenwerke aus der Zeit um 1800 ▽

›Zeitreise‹ in Rockenhausen

In Rockenhausen steht die Zeit nicht still. Dem Besucher des Turmuhrenmuseums bleibt es jedoch selbst überlassen, wie er sie nutzt: ›Weise wie die Eule oder tumb wie der Narr‹ ... Beide sind auf dem Zeitbrunnen im Innenhof als Symbole dargestellt. Die Zeit den Menschen bewusst zu machen ist das erklärte Ziel des ehrenamtlichen Museumsleiters, und so stehen die Menschen fast andächtig vor einer über drei Meter breiten Großuhr, deren überschweres Pendel ein beruhigendes Ticken in dem stillen Raum hervorbringt.

Neben zahlreichen Turmuhren stehen hier auch Sand- und Sonnenuhren – und als Krönung die von Professor Dr. Steinbach entwickelte Astronomische Uhr. Sie zeigt neben der Sonnenzeit auch den Planetenlauf, die Mondphasen, die Tierkreiszeichen sowie den sekundengenauen Umlauf von 400 Sternen, die bei klarem Himmel über dem Museum auszumachen sind.

Ferien auf dem Bauernhof

Die Kleinen vergnügen sich auf dem liebevoll hergerichteten Spielplatz, während die Erwachsenen sich zum Lesen in eine sonnige Ecke des großen Innenhofs zurückziehen. Für den Nachmittag ist eine Kutschfahrt in die nähere Umgebung angesagt. Zum Abendessen versorgt Familie Bauer, die mit drei Generationen auf dem Lautersheimer Gutshof lebt, ihre Gäste im gemütlichen Gastraum mit frischem Gemüse aus eigenem Anbau, dazu gibt es selbst gepressten Fruchtsaft.

›Urlaub auf dem Bauernhof‹ ist ein Angebot des Donnersberg-Touristik-Verbands: Fünf Bauernhöfe werden für naturnahe Ferien vermittelt. Auf dem Hof der Familie Friebe in Dreisen-Bannholz am Fuß des Donnersbergs übernachtet man in einem eigenen gemütlichen Bungalow im Garten. In der komplett ausgestatteten Küche kann man sich mit Erzeugnissen des Hofs – Eier, Gemüse, Kartoffeln, Marmeladen, Säfte, hausgemachte Wurst – selbst verköstigen. Das Trinkwasser stammt aus dem hofeigenen Brunnen.

Ruhig geht es auf dem Johanneshof der Familie Kaufhold in Rüssingen

△ *Bummel durch Otterberg: hübsche Ecken mit Fachwerkbauten, …*

… im Zentrum das barocke Stadthaus mit dem Heimatmuseum … ▽

△ ... und die romanische Abteikirche

Der Brunnenstein vor der Abteikirche zeigt die wallonischen Einwanderer ▽

Pforte zum Landkreis Kaiserslautern: Frankenstein mit Burgruine, ev. Kirche und Tunneltor ▽

zu. Für Abwechslung sorgen die Schlachtfeste: Dann gibt es ›Schwademaa‹, ›Quellflesch‹, ›Metzelsupp‹ und ›Pfälzer Lewerworschd‹.
Modernes italienisches Design wartet auf die Gäste der Klostermühle in Münchweiler. Auf dem vollständig renovierten Hof von 1273 werden Bullen, Kälber, Ferkel, Schweine, Hunde und natürlich Katzen gehalten. Direkt an der Klostermühle beginnt der Donnersberger Bauernpfad, der als Wanderweg durch Feld, Wald und Wiesen Einblick in die landwirtschaftliche Arbeit gibt.

Kirche im Wandel der Zeit

Mitte des 12. Jahrhunderts zogen sich Zisterziensermönche in die abgeschiedene Gegend um das heutige Otterberg zurück. Getreu ihren Vorstellungen von Sachlichkeit und ornamentaler Strenge entstand in 90-jähriger Bauzeit eine Abteikirche, die zum herausragenden mittelalterlichen Erbe zählt. Zur Blütezeit des Klosters um 1400 lebten hier gut 200 Mönche, die eine Hälfte als Priester, die andere als Laienbrüder für die Arbeiten auf den Feldern und in den Stallungen.
Mit der Reformation wechselte 1556 Kurfürst Ottheinrich von der Pfalz den Glauben. Sein Nachfolger Friedrich III. löste das Zisterzienserkloster auf. Fast zur selben Zeit mussten die Wallonen, eine Volksgruppe im heutigen französisch sprechenden Teil Belgiens, der damals zu den katholischen spanischen Niederlanden gehörte, ihres reformierten Glaubens wegen ebenfalls ihr Land verlassen. Einige wurden nun vom damaligen Kurfürsten auf Kloster Otterberg angesiedelt. Die Klosterbauten benutzten sie als Steinbruch und errichteten daraus Otterbergs Stadthäuser. Lediglich die Klosterkirche ließen sie stehen.
Die Kluft zwischen den Glaubensrichtungen hielt sich bis in die jüngste Zeit; noch bis vor wenigen Jahren war die Klosterkirche durch eine Mauer in eine katholische und eine evangelische Hälfte getrennt. Heute zeigt sich das Gebäude wieder im Urzustand, und die Gottesdienste beider Konfessionen finden zu verschiedenen Zeiten am selben Altar statt.

BAD KREUZNACH
BAD MÜNSTER AM STEIN-EBERNBURG
BAD SOBERNHEIM
KIRN
MEISENHEIM
OBER-MOSCHEL
LAUTER-ECKEN
WOLFSTEIN
ROCKEN-HAUSEN
KIRCHHEIM-BOLANDEN
OTTERBERG
KAISERS-LAUTERN
LANDSTUHL
Ramstein-
Enkenbach-
Alsenborn
Winnweiler
Eisenberg
Gemünden
Simmertal
Hochstetten-Dhaun
Monzingen
Meddersheim
Staudernheim
Odernheim
Windesheim
Langenlonsheim
Gensingen
Bretzenheim
Hargesheim
Rüdesheim
Hüffelsheim
Norheim
Fürfeld
Wöllstein
Sprendlingen
Alsenz
Lauterecken
Odenbach
Grumbach
Offenbach-Hundheim
Reichenbach-Steegen
Weilerbach
Otterbach
Mehlingen
Hochspeyer
Frankenstein
Weidenthal
Münchweiler
Göllheim
Dreisen
Ilbesheim
Marnheim
Rhein-
hessische
Schweiz
Nordpfälzer Bergland
Stumpfwald
Diemersteiner Wald
Nahe
Deutsche Alleenstr.
Nahe-Weinstraße
NSG
50
60
72
84

Wo gibt es was?

Fähnchennummer = Textnummer ⓘ = Auskunft

Alsenz-Obermoschel ①

Verband aus 14 Teilgemeinden mit weitgehend dörflichem Charakter.
Sehenswert: In Alsenz Altes Rathaus (Renaissance-Bau aus dem 16. Jh.), ev. Pfarrkirche (15. Jh.), barockes Nassau-Weilburgisches Amthaus, Synagoge (1765); in Obermoschel Schnitzwerk ›Mann mit Hut‹ am Schmuckschen Fachwerkhaus (1600), ev. Kirche (18. Jh.).
Museen: Das Pfälzische Steinhauermuseum am Alsenzer Marktplatz zeigt insbesondere die Geschichte des pfälzischen Buntsandsteins (April–Okt. do 17–19 Uhr). Das Museum des Quecksilberbergbaus in Niedermoschel dokumentiert die 500-jährige Bergbaugeschichte in der Region (Amtsgasse 21; Mai–Okt. jeden 2. So im Monat 14–16 Uhr). Das Randeck-Museum in Mannweiler-Cölln (Böhlstraße, 4 km südl.), zeigt Funde der Ruine Randeck (April–Nov. jeden 1. und 3. Do im Monat 14–16 Uhr).
Aktivitäten: Markiertes Wandernetz, Alsenztal-Radwanderweg.
Veranstaltungen: Autofreies Alsenztal mit Wandern und Radfahren (Christi Himmelfahrt). Brunnen- und Weinfest (Juli). Naheweinfest (Okt.).
Umgebung: Wanderziel ist die *Moschellandsburg* (2 km südl.). Im 9. Jh. erstmals erbaut, wurde sie 1689 vom französischen König Ludwig XIV. endgültig zerstört; noch sichtbar sind einige Verteidigungsringe und ein Tor. Von *Burg Montfort* (4 km nördl.), 1200 vom Grafen von Veldenz erbaut und 1456 vom Kurfürsten Friedrich zerstört, stehen nur noch Teile der Außenmauer. Prachtvoll zu Füßen des Rheingrafensteins liegt *Bad Münster am Stein* (11 km nördl.) zwischen den Burgruinen Rheingrafenstein und Ebernburg. *Meisenheim* (12 km westl.), das ›Rothenburg am Glan‹, war zeitweilig Wohnsitz der Herzöge von Pfalz-Zweibrücken; Prunkstück ist die spätgotische Schlosskirche (1479–1504).
ⓘ Verbandsgemeindeverwaltung, Schulstr. 16, 67821 Alsenz, Tel. 06362/3030, www.alsenz-obermoschel.de

Kirchheimbolanden ②

Die Donnersberg-Kreisstadt ist wirtschaftliches und kulturelles Zentrum der Nordpfalz.
Sehenswert: Noch gut erhalten die Stadtmauer mit mehreren Türmen. Mit großzügig angelegtem Schlossgarten die Sommerresidenz (1738) des Hauses Nassau-Weilburg. 1738 wurde auch mit dem Bau der Hof- und Stadtkirche St. Paulus begonnen; eine vergoldete Sanduhr an der Kanzel erinnert an die fürstliche Anordnung, dass der Pfarrer nicht länger als 45 Minuten predigen durfte. Die Mozartorgel (1745) mit ihren 45 Registern und 2830 Pfeifen ist noch in dem Zustand erhalten, wie sie im Januar 1778 von Mozart gespielt wurde.
Museen: Das Heimatmuseum zeigt in 28 Abteilungen Relikte aus der Geschichte der Stadt (Amtsstr. 14; Mai–Okt. so 14–17 Uhr und n. V., Tel. 06352/3562). In der Galerie Waldherr sind die Werke zeitgenössischer Künstler zu sehen (Neue Allee 11; di–fr 10–12 und 14–16, sa 14–17 Uhr und n. V., Tel. 06352/70400). In *Dannenfels* (5 km westl.) legt das Dorfmuseum den Schwerpunkt auf landwirtschaftliche Maschinen (Okt.–Mai jeden letzten Sa im Monat 15–17 Uhr oder n. V., Tel. 06357/7451), zeigt das Donnersberghaus Ausstellung zur Geologie des Donnersbergs (jeden letzten Sa im Monat von 15–17 Uhr).
Aktivitäten: Zahlreiche Rundwanderwege, darunter Kelten- und Donnersbergweg sowie Freischarenrundweg (Beschreibungen bei der Touristik-Information 06352/1712).
Märkte und Veranstaltungen: Donnersberger Bauernmarkt auf dem Bolanderhof (Mai). Montgolfiade auf dem Donnersberg (Juni). Residenzfest (Aug.). Historischer Dorfmarkt in Dannenfels (Aug.).
Umgebung: Ludwigsturm auf dem *Donnersberg* (8 km westl.; falls geschlossen, Schlüssel im daneben liegenden Café).
ⓘ Verbandsgemeindeverwaltung, Rathaus, 67292 Kirchheimbolanden, Tel. 06352/400415, Fax 06352/400486, www.kirchheimbolanden.de

Rockenhausen ③

In der Verbandsgemeinde (13 000 Einw.) sind mehrere über die Grenzen der Nordpfalz hinaus bekannte Museen angesiedelt.
Sehenswert: Katholische Kirche (16. Jh.) mit barocker Ausstattung.
Museen: Im Kahnweilerhaus Dauerausstellung zum Leben und Werk des Picasso-Förderers Daniel-Henry Kahnweiler sowie Wechselausstellungen zeitgenössischer Künstler (Marktplatz 7; Ostern–Weihnachten do 15–17 und jeden 1. Sa im Monat 15–17 Uhr oder n. V., Tel. 06361/3440). Im Museum Pachen sind mehr als 2000 Gemälde, Grafiken und Plastiken von 300 deutschen Künstlern, unter ihnen Otto Dix und Käthe Kollwitz, zu sehen (Speyerstr. 3; do 15–17 und jeden 1. Sa im Monat 15–17 Uhr oder n. V., Tel. 06361/22136). Das Nordpfälzer Heimatmuseum befasst sich mit Vor- und Frühgeschichte im Donnersberggebiet (Bezirksamtstr. 8; Ostern–Weihnachten do 15–17 und jeden 1. Sa im Monat 15–17 Uhr oder n. V., Tel. 06361/451). Das Pfälzische Turmuhrenmuseum birgt über 30 verschiedene Turmuhren (Am Schloss; Ostern–Weihnachten do 15–17, jeden 1. Sa im Monat 15–17 Uhr oder n. V., Tel. 06361/3430). Das Dorfmuseum in *Schweisweiler* (5 km südl.) zeigt altes Handwerk (April–Sept. jeden 3. So im Monat 15–18 Uhr oder n.V., Tel. 06302/2147). In *Imsbach* (9 km südöstl.) Schaubergwerk ›Weiße Grube‹ (April–Okt. so 10–17 Uhr oder n. V., Tel. 06302/ 2304). Ein altes Bergmannshaus zeigt als Heimatmuseum, wie Bergarbeiterfamilien früher lebten (n. V., Tel. 06302/2304). Das Pfälzische Bergbaumuseum nebenan im alten Schulhaus widmet sich pfälzischem Bergbau von den Kelten bis zur Neuzeit (sa, so und fei 10–17 Uhr). Museumsbäckerei ist die *Imsweiler Mühle* (3 km südl.; Mai bis Okt. sa 10.30–16.30 Uhr; Brotseminare, Anm. Tel. 06361/993951).
Aktivitäten: Freibad, Tennis, Radwanderweg Alsenztal.
Veranstaltung: Altstadtfest (Juni). Nordpfälzer Herbstfest (Sept.). Autofreier Sonntag Appelbachtal (wechselnd). Burgfest und Mittelaltermarkt (Juli) auf Falkenstein (4 km östl.). Donnersberger Mineralien- und Fossilienbörse (Sept.) in Imsbach.
Umgebung: *Burg Falkenstein* wurde im 12. Jh. auf einen 100 m hohen Felsen gesetzt, der als Grenzpunkt des Königslands um Kaiserslautern galt, und 1747 zerstört. 1937 restauriert und 1993 zum Freilichttheater ausgebaut.
ⓘ Verbandsgemeindeverwaltung, Bezirksamtsstr. 7, 67806 Rockenhausen, Tel. 06361/4510, Fax 06361/451260, www.rockenhausen.de

Otterberg ④

Kleinstadt (5000 Einw.), geprägt durch die frühere Ansiedlung von Zisterziensermönchen sowie wallonischen Flüchtlingen.
Sehenswert: Die schlichte Zisterzienserkirche (12. Jh.) zieren nur einige Pflanzenmotive. Besichtigung des Kapitelsaals unter dem kath. Pfarrhaus auf Anfrage (Tel. 06301/31504). An die Klostergründung und den Einzug der Wallonen erinnern die Reliefs an dem Brunnenstein davor. Seit 7 Generationen voll funktionsfähig ist die Schmiede Theis (Besuch nach Anm., Tel. 06301/31504).
Heimatmuseum im barocken Stadthaus (di 19.30–21 und so 15–17 Uhr).
Aktivität: Historischer Rundwanderweg (10 km) durch den umliegenden Mischwald.
ⓘ Tourist-Information, Hauptstr. 61, 67697 Otterberg, 06301/31504, Fax 06301/32761, www.otterberg.de

Enkenbach-Alsenborn ⑤

Verbandsgemeinde (13 000 Einw.) inmitten eines fast 2800 ha großen Waldgürtels.
Sehenswert: Klosterkirche des Prämonstratenserordens (1220–72).
Aktivitäten: Beheiztes Schwimmbad, Tennis, Angeln, Radfahren, Wandern.
Veranstaltungen: Kerbe (2. Juli-So) in Enkenbach. Kerbe (1. Sept.-So) in Alsenborn.
Umgebung: In *Hochspeyer* (4 km südl.) Ruinen Franken- und Diemerstein (1150).
ⓘ Verbandsgemeindeverwaltung, Hauptstr. 18, 67677 Enkenbach-Alsenborn, Tel. 06303/9130, Fax 06303/4888, www.enkenbach-alsenborn.de

Maßstab 1:200.000 (0 2 4 6 8 10km)

Aussicht mit Adlerblick: Falknerei im Wildpark Potzberg bei Altenglan.

Mit Schwung durchs Kuseler Musikantenland

Die Zeiten, als an die 2500 Kuseler Wandermusikanten durch alle Teile der Welt zogen, sind zwar lange vorbei, doch die Musik erhellt die Gemüter der Menschen im Musikantenland noch heute. Kein Wunder, dass die Region auf ›Gute-Laune-Touren‹ setzt: familienfreundliche Draisinenreisen zwischen Lauterecken und Altenglan, beschwingte Wanderungen, fröhliche Planwagenfahrten. Und falls sich Durst einstellt: Getrunken wird hier übrigens ›Viez‹, Apfelwein.

△ Der Alte Marktplatz in Kusel ist nicht nur anlässlich des Hutmacherfestes oder der Herbstmesse beliebter Treffpunkt von Jung und Alt

△ Die Rheingrafenbrücke über die Lauter auf dem Weg nach Lauterecken ist eine der schönsten und ältesten Steinbrücken der Pfalz

Kanzelaltar in der Gimsbacher Barockkirche ▽

Zum Beispiel ab Ulmet: mit 2 PS durchs Land ▽

△ Wieder belebte Dorfkultur: Alte Schmiede in Bedesbach

Offenbach-Hundheim: großartige Klosterkirche in kleinem Ort ▽

In Kapellen und Bands zogen einst die Kuseler Wandermusikanten durch alle Teile der Welt und verhalfen damit ihrer Heimat zu bescheidenem Ruhm. Ihre ›Pilgerreisen‹ gehören längst der Vergangenheit an, geblieben aber ist der Name, mit dem sich das Pfälzer Bergland werbewirksam schmückt: Kuseler Musikantenland.

Viez aus Westpfälzer Äpfeln

Anders als an der Weinstraße stillt man seinen Durst hier nicht mit Trauben-, sondern Apfelwein. Die bekannteste Adresse für Fruchtsäfte und -weine ist die 1958 gegründete Lauterecker Süßmostkellerei. Der inzwischen ausgesprochen moderne Betrieb mit eigener Wasseraufbereitungs- sowie Kläranlage kann bis zu 20 000 Flaschen pro Stunde verarbeiten.
Verkaufsschlager ist der ›Westricher Viez‹, ein Apfelwein nach Westpfälzer Art mit immerhin 5,5 Prozent Volumen Alkohol. Das fruchtig herbe Tafelgetränk, das man gern zum Saumagen serviert, wird aus säurereichen und daher sehr geschmacksintensiven Äpfeln hergestellt, schonend gekeltert und sorgfältig vergoren.
Zur Hochsaison im Herbst fahren täglich rund 20 Lkws Frischware von den Streuobstwiesen des Umlands an. Aus ihr entstehen auch Säfte in den verschiedensten Mischungen, wie beispielsweise die ›Sesamstraße‹, ein Vitaminstoß für Kinder aus Äpfeln, Trauben, Himbeeren und Holunder. Die beliebten Obstliköre werden dagegen häufig auf dem Land gebrannt.

Tradition auf dem Rückzug

Nicht alle Getränkequellen sprudeln im Überfluss. Für die Brauerei Emrich in Kusel etwa, eines der letzten Überbleibsel kleingewerblicher Kultur und Stolz einer ganzen Region, war 1998 Zapfenstreich: Der seit 1877 ohne Unterbrechung von der Bierbrauerfamilie geführte Betrieb hatte zunehmend unrentabel gewirtschaftet und wurde von der Homburger Carlsberg Brauerei aufgekauft. Seitdem haben Kuseler Spezial, Jägerpils und Bock in den Kneipen des Musikantenlands einen nostalgischen Beigeschmack.

△ Ziel nach dem Aufstieg zur Ruine Michelsburg auf dem Remigiusberg bei Haschbach … … ist der nahe Biergarten ▽

Auf dem Bienenlehrpfad bei Altenglan summt es beträchtlich ▽

△ Wildpark Potzberg: die Greifvogelschau hat etwas von Streichelzoo, ... das Turmhotel von Mittelalter ▽

Gezähmt: Bienen in Altenglan

Seit langem gibt es Imker in Altenglan. Ursprünglich kam der Honig von Wildbienen, die besonders aggressiv und stechlustig waren. Erst mit der vor etwa 50 Jahren aus Österreich importierten Bienenkönigin ›Canica‹ gelang den Züchtern die Zähmung, so dass sich jetzt auch Besucher den Tieren – zum Beispiel auf dem Bienenlehrpfad bei Matzenbach – gefahrlos annähern können.
In Erinnerung an ›Canica‹ gründete der Imkerverein die Idee, jährlich eine menschliche Bienenkönigin zu küren. Ein Fest, das schon wieder auf dem Rückzug scheint. Heute wetteifern nur noch drei oder vier Bewerberinnen um die Krone, einst waren es wenigstens drei Mal so viele. Dabei sind die Voraussetzungen für die Bewerbung übersichtlich: Abgesehen vom Mindestalter von 16 Jahren, benötigt man eigentlich nur einen Schuss Naturverbundenheit. Wenn der Titel auch an Prestige verloren hat, die Bienenköniginnen schützt das nicht vor Wehmut, wenn sie beim Imkerfest – passenderweise — mitten im Wald nach einjähriger Amtszeit ihre Nachfolgerin küren und das Bienenkleid mit nach Hause nehmen dürfen.

Mit der Draisine auf Tour

Im Gegensatz zum Bienenfest sind Wandern und Radfahren noch voll im Trend, das dünn besiedelte Pfälzer Bergland mit seinen verkehrsarmen Straßen ist hierfür wie geschaffen. Doch dass selbst über stillgelegte Bahntrassen pedalt werden kann, ist ein Novum. Im Mai 2000 wurde zwischen Altenglan und Lauterecken die 40 Kilometer lange, bis Staudernheim führende Draisinenbahn ins Leben gerufen. Seither können zwei Erwachsene und zwei Kinder eingleisig durch das hübsche Glantal strampeln und sich bei Bedarf alle zwei Kilometer von der Schiene heben lassen, um Ausflüge in die reizvolle Umgebung zu unternehmen.

Wertvolle Fossilienfunde

Ganz so aufregend wie vor 290 Millionen Jahren ist der Trip ins Glantaler Unterholz indes nicht. Seinerzeit lag die Urpfalz, bedingt

Musik gehört dazu – auch beim Ohmbachseefest ▽

△ Burg Lichtenberg (1200) bei Kusel, im 18. Jahrhundert von den Franzosen, im 19. von den Preußen erobert, ...

... beherbergt heute das Kuseler Musikantenlandmuseum ▽

△ Ohmbachsee: allein mit der Vogelwelt am entlegenen Ufer, ... voller Kindervergnügen beim Seefest ▽

durch die damalige Äquatornähe, inmitten einer Senke mit tropischer Flora und Fauna: Riesige Schachtelhalme schossen auf sumpfigem Boden in die Höhe, und in den weitläufigen Seen tummelten sich bis zu 2,5 Meter lange Haie.
Der Faulschlamm am Seegrund, der mangels Sauerstoffzufuhr erloschenes Leben über Millionen Jahre konservierte, wurde im Verhältnis 1 zu 40 zu Stein gepresst. Heute stoßen Straßen- und Hausbauer immer wieder auf Fossilien, auf denen sich Quallen, Krebse, Muscheln, ja sogar Haie samt Mageninhalt und Kot erkennen lassen. Die Funde gelangen sofort in die Präparationswerkstatt des neu gestalteten Geoskopischen Museums auf Burg Lichtenberg und die Hände engagierter Forscher.

›Do spiel die Mussik‹

Auf Burg Lichtenberg hat auch das Musikantenlandmuseum seinen Platz gefunden. Von der Trommel bis zum Synthesizer reicht die Musikgeschichte: Mensch, Technik und Muse werden unter einen Hut gebracht. Natürlich steht die Musik auch bei den zahlreichen ländlichen Festen im Mittelpunkt. Essen, Trinken, Musizieren macht im Kollektiv eben am meisten Spaß. Wer etwa beim Ohmbachseefest zwischen johlenden und klatschenden Menschen das Tanzbein geschwungen hat, weiß um die Ausgelassenheit der sangeslustigen Musikantenländler. Und er wundert sich nicht, dass feucht-fröhliche Planwagenfahrten ›iwwer Stock un Stää‹ mit Musikbegleitung im Familien- wie Freundeskreis nach wie vor sehr beliebt sind.

Feste feiern fast ohne Reue

Allein im Juli finden im Musikantenland vom Open-Air-Konzert bis zum Hahnenfest rund 35 Feten statt. Doch wohin mit dem Müll? Die Firma Cordier Konken hat sich im nahen Gewerbegebiet Viererbenwald aufs Recyclen spezialisiert. Papier erreicht mit 99 Prozent Wiederverwertung eine fast optimale Quote, Glas und Weißblech liegen nur wenig darunter. Kunststoffe werden firmenextern behandelt. Die Abfallentsorgung ist im ganzen Einzugsbereich von Eifel, Hunsrück, Saarland, Westpfalz ohne Konkurrenz.

40
72
Sperrgebiet
BAUMHOLDER
KUSEL
LAUTER-ECKEN
WOLFSTEIN
ROCKEN-HAUSEN
OTTERBERG
ERLENBACH
Alte Welt
Olsbrücken
Otterbach
Altenglan
Glan-Münchweiler
Ramstein-
Miesenbach
LANDSTUHL
Kindsbach
Miesau
Hütschenhausen
Schönenberg-Kübelberg
Waldmohr
Bruchmühlbach-
BEXBACH
HOMBURG
Queidersbach
Trippstadt
Schopp
Heltersberg
Waldfischbach-
Burgalben
RODALBEN
PIRMASENS
Thaleischweiler-
Fröschen
Contwig
ZWEIBRÜCKEN
HORNBACH
Dellfeld
Walshausen
Windsberg
Lemberg
Ruppertsweiler
Hinterweidenthal
Deutsche Schuhstraße
Schwanden
Steinwenden
Krickenbach
Hermersberg
Wallhalben
Höheinöd
Herschberg
Rieschweiler-
Battweiler
Großbundenbach
Kirrberg
Limbach
Einöd
Blieskastel
Mimbach
Breitfurt
Altheim
Riedelberg
Vinningen
Obersimten
Merzalben
Clausen
Leimen
Münchweiler
Hohenöllen
Einöllen
Reichenbach-
Steegen
Jettenbach
Konken
Kottweiler-
Schwedelbach
Rodenbach
Weilerbach
Mackenbach
Katzweiler
Mehlbach
Hirschhorn
Schallodenbach
Niederkirchen
Heiligenmoschel
Gundersweiler
Imsweiler
Dörrmoschel
Teschenmoschel
Becherbach
Ginsweiler
Cronenberg
Odenbach
Medard
Kappeln
Merzweiler
Grumbach
Homberg
Sien
Frauenberg
Reichenbach
Kronweiler
Berglangenbach
Ruschberg
Fohren-Linden
Mettweiler
Rohrbach
Pfeffelbach
Thallichtenberg
Körborn
Rammelsbach
Ulmet
Erdesbach
Bedesbach
Welchweiler
Elzweiler
Horschbach
Hinzweiler
Aschbach
Offenbach
Hundheim
Deimberg
Buborn
Herren-Sulzbach
Glanbrücken
Rutsweiler
Bosenbach
Friedelhausen
Föckelberg
Niederstaufenbach
Neunkirchen
Rehweiler
Matzenbach
Etschberg
Haschbach
Schellweiler
Ehweiler
Albessen
Herchweiler
Selchenbach
Herschweiler-
Pettersheim
Quirnbach
Henschtal
Steinbach
Börsborn
Ohmbach
Brücken
Dittweiler
Breitenbach
Altenkirchen
Frohnhofen
Dunzweiler
Nanzdietschweiler
Katzenbach
Vogelbach
Lambsborn
Bechhofen
Martinshöhe
Gerhardsbrunn
Langwieden
Mittelbrunn
Obernheim-
Kirchenarnbach
Linden
Horbach
Weselberg
Saalstadt
Knopp-
Labach
Wiesbach
Krähenberg
Biedershausen
Winterbach
Käshofen
Schmitshausen
Reifenberg
Maßweiler
Höhfröschen
Mühlbach
Nünschweiler
Petersberg
Fehrbach
Gersbach
Winzeln
Bottenbach
Großsteinhausen
Kleinsteinhausen
Rimschweiler
Althornbach
Dietrichingen
Mauschbach
Böckweiler
Stambach
Wattweiler
Bubenhausen
Webenheim
Wörschweiler
Schwarzenacker
Beeden
Altstadt
Jägersburg
Höchen
Kleinottweiler
Bruchhof
Sanddorf
Erbach
Reiskirchen
Kaiserslautern
KAISER LAUTE

Wo gibt es was?

Fähnchennummer = Textnummer   ❶ = Auskunft

Lauterecken ①

Ort in ländlicher Umgebung am Zusammenfluss von Glan und Lauter.
Sehenswert: Vom ehem. Schloss (13./16. Jh.) der Grafen von Veldenz zeugen ein Ecktürmchen und ein Renaissance-Torbogen. Am Ortsrand führt eine der ältesten und schönsten Bogenbrücken (17. Jh.) der Pfalz über die Lauter. Über den Ortsteil *Grumbach* wacht die ev. Pfarrkirche (1838) mit zwei hölzernen Glockengeschossen. In ihrer Nähe Rheingräfliches Archiv (1608), Mauerreste einer Schlossanlage sowie Sole- und Schwefelquellen.
Aktivitäten: Tennis, Reiten, Schießen, Wandern, Draisinentour.
Veranstaltung: Heimatfest mit Umzug (2. Aug.-Wochenende).
Umgebung: In *Odenbach* (7 km nördl.) Synagoge (1752) mit spätbarocken Wandmalereien nach polnischen Vorbildern (n. V., Tel. 06753/2657). *Offenbach-Hundheim* (5 km südl.) besitzt in der ehem. Propsteikirche St. Maria (um 1225–Anfang 14. Jh.) ein wichtiges Denkmal des Übergangs der rheinischen Spätromanik zur Gotik. Bedeutend ist auch die mittelalterliche Wandmalerei (13. Jh.) im Chor der Hirsauer Kapelle. Bei *St. Julian* (9 km südl.) Ölmühle mit der letzen Stempelpresse in Europa (n. V., Tel. 06387/8430). In *Reipoltskirchen* (9 km östl.) ist die besterhaltene Wasserburg der Pfalz (13. Jh.) noch immer bewohnt.
❶ Verbandsgemeindeverwaltung, Schulstr. 6a, 67742 Lauterecken, Tel. 06382/7910, Fax 06382/79149, www.lauterecken.de

Wolfstein ②

Das Zweiburgenstädchen liegt dem markanten Königsberg (568 m) zu Füßen.
Sehenswert: Alte Fachwerkhäuser. Im Schau-Kalkbergwerk wird anhand von Geräten und per Film die Förderung unter Tage demonstriert (Führungen April–Okt. so und fei 13–18 Uhr). Die Zweikirche (1 km südl.) zählt zu den ältesten der Pfalz (Schlüssel im Pfarramt, Tel. 06304/221).
Aktivitäten: Wandern, Angeln, Tennis, Reiten, Segelfliegen, Sport- und Freizeitpark.
Veranstaltungen: Pfingstfest. Herbstmarkt (Okt.).
Umgebung: *Burg Altwolfstein*, seit 1504 Ruine, wurde von Kaiser Barbarossa um 1170 an der engsten Stelle des Lautertals am Felsgrat des Königsbergs erbaut. In Sichtweite Ruine der *Burg Neuwolfstein* (1275) mit Gefallenen-Gedenkplatz innerhalb der erhaltenen Ringmauern. Ein Feldweg führt zur Heidenburg, einer spätrömischen Siedlung (um 270–400) oberhalb von *Kreimbach-Kaulbach* (4 km südl.).
❶ Verkehrsverein Wolfstein, Am Schwimmbad 5, 67752 Wolfstein, Tel. 06304/993450, Fax 06304/993441, www.wolfstein.de

Altenglan ③

Zu der Verbandsgemeinde (16 Orte) im Zentrum des Pfälzer Berglands gehören u. a. *Bedesbach* und *Ulmet* (5 km nördl.).
Sehenswert: Wegen ihres steilen Satteldachs steht die Alte Schmiede (Mitte 18. Jh.) in Bedesbach unter Denkmalschutz. Auf dem Bienenlehrpfad von Erich Horbach in Altenglan fasziniert das ›Innenleben‹ der Honig- und Wildbienenvölker (Mai–Sept. n. V., Tel. 06383/363).
Museum: Im Steinbruchmuseum in *Rammelsbach* (2 km westl.) wird die Mühsal der Arbeiter am ›Rammelsbacher Kopf‹ veranschaulicht (so 14–17 Uhr).
Aktivitäten: Freibad, Draisinentour, Wandern, Planwagenfahrt in Ulmet.
Veranstaltungen: Bienenfest mit Wahl der Bienenkönigin (Christi Himmelfahrt). Herzdriggermarkt (Mai). Hammelfest in Ulmet (Mitte Aug.).
Umgebung: In Ulmet Flurskapelle mit romanischem Chorturm, barockem Langhaus, wertvoller Stummorgel; im Brenner-Stübchen Obstbrennerei (Tel. 06387/653); am Glan 8 km langer, in zwei Rundwege aufgeteilter Gewässerlehrpfad. Hauptattraktion im Wildpark *Potzberg* (6 km südl.) ist die Raubvogel-Flugschau (März–Okt tgl. 15, sa, so und fei 11, 15 und 17 Uhr). Bei *Haschbach* (5 km südl.) Ruine der Michelsburg (13. Jh.) mit erhaltener Ring- und Schildmauer.
❶ Verbandsgemeindeverwaltung, Schulstr. 3–7, 66885 Altenglan, Tel. 06381/42090, Fax 06381/420949

Kusel ④

Die Kleinstadt ist stolz auf ihren Ziehsohn und Startenor Fritz Wunderlich (1930–66).
Sehenswert: Im kleinen Stadtpark würdigt eine Statue den früh verstorbenen Opernsänger. An früher ortsansässige Hutmacher erinnert der Hutmacherbrunnen. Am Alten Marktplatz schöne Fachwerkhäuser.
Museen: Im Heimatmuseum Fritz-Wunderlich-Gedenkzimmer (di–so 14–17 Uhr). Die Drucktechnik früherer Zeiten ist im Druckereimuseum nachzuvollziehen (n. V., Tel. 06381/424270). Auf *Burg Lichtenberg* (6 km westl.) sind drei Museen untergebracht: das Musikantenlandmuseum mit Erinnerungen an das Wandermusikantengewerbe der Westpfalz, das Pfalzmuseum für Naturkunde mit Einblick in die geologische Vergangenheit des Pfälzer Berglands und das Geoskop-Museum mit wertvollen Fossilien (alle tgl. 10–17 Uhr). In *Oberalben* (6 km nördl.) in einer ehem. Scheune ein Auswanderermuseum mit Wechselausstellungen zum Thema (so 14–20 Uhr).
Aktivitäten: Bade- und Freizeitpark Kusel, Tennis, Kanu, Reiten, Segel- und Motorflug, Drachenfliegen, Radfahren, Wandern.
Veranstaltungen: Hutmacherfest (Juni). Herbstmesse mit Umzug (Sept.). Kulturveranstaltungen in der Fritz-Wunderlich-Halle und auf Burg Lichtenberg (›Villa Musica‹, Programm bei der Kreisverwaltung Kusel, Tel. 06381/424271).
Umgebung: Die Burg Lichtenberg, mit 425 m Länge eine der größten Burganlagen Deutschlands, wurde um 1200 von den Grafen von Veldenz begründet und von ihren Erben, den Herzögen von Pfalz-Zweibrücken, bis ins 17. Jh. ausgebaut. 1799 zerstört, wurde sie ab 1894 teilweise wieder auf- und ausgebaut.
❶ Tourist-Information, Trierer Str. 41, 66869 Kusel, Tel. 06381/424270, Fax 06381/424280, www.kusel.de

Glan-Münchweiler ⑤

Der im 8./9. Jh. von Mönchen des Klosters Hornbach gegründete Ort schließt als Verbandsgemeinde 13 Ortsgemeinden ein.
Sehenswert: Prot. Kirche (Chor um 1220, barocker Saalbau 1771); in der Nähe idyllischer Pfarrhof und Viergöttersteine aus der Römerzeit. Die Mühle am Glan (1815) diente früher als Herrenhaus.
Aktivitäten: Angeln, Tennis, Reiten, Kanufahren, Fitnesscenter, Planwagenfahrten, Rundflüge, Radfahren, Wandern.
Umgebung: Bei *Herschweiler-Pettersheim* (6 km westl.) Villa Rustica (römischer Gutshof, 2.–3. Jh.) mit quadratischem burgähnlichem Grundriss. Die Kirche (1747) in *Gimsbach* (5 km nördl.) ist einer der bedeutendsten Barockbauten im Landkreis.
❶ Verbandsgemeindeverwaltung, Homburger Str. 3, 66907 Glan-Münchweiler, Tel. 06383/92170, Fax 06383/921792, www.glan-muenchweiler.de

Schönenberg-Kübelberg ⑥

Der Hauptort der gleichnamigen Verbandsgemeinde zieht mit dem Ohmbachsee (15 ha) vor allem Wassersportfreunde an.
Sehenswert: Wald- und Vogellehrpfade in *Brücken* (3 km nördl.) und *Dittweiler* (3 km nordw.).
Museen: In *Altenkirchen* (7 km nordw.) Heimatmuseum zu 250 Jahren Ortsgeschichte (jeden 1. und 3. So im Monat 14–17 Uhr). Diamantschleifermuseum in Brücken (di 9.30–12, do 14–17 Uhr). In *Breitenbach* (11 km nordw.) Bergmannsbauernmuseum mit typischen Wohnräumen; auch Römerfunde (1. So im Monat 14–17, mi 20–22 Uhr).
Aktivitäten: Freizeitanlage Ohmbachsee mit Bootfahren, Surfen und Angeln. Planwagenfahrten, Wandern, Radfahren.
Veranstaltungen: Johannismarkt (Juni). Seefest am Ohmbachsee (Juli).
Umgebung: In *Waldmohr* (4 km südw.) lohnt der Marktplatz eine Pause.
❶ Fremdenverkehrsamt, Rathausstr. 8, 66901 Schönenberg-Kübelberg, Tel. 06373/5040, Fax 06373/9016, www.vgsk.de

Maßstab 1:200.000 0 2 4 6 8 10 km

Fürstlicher Glanz strahlt auf den Trödelmarkt vor dem Zweibrücker Herzogsschloss, in dem heute das Oberlandesgericht seinen Sitz hat.

Dem Nachbarn Frankreich vis-à-vis

Im äußersten Südwesten der Pfalz gelangt man vielerorts über die ›grüne Grenze‹ nach Frankreich. Sein *savoir-vivre* ist auch auf der deutschen Seite zu Hause. Doch daneben hat die Südwestpfalz Eigenständigkeit bewahrt. Etwa in der Zuneigung zu den Pferden: Sie geht weit über das Landgestüt Zweibrücken hinaus und erfüllt die gesamte Region. Oder im Mühlenwanderweg bei Wallhalben mit seinen schluchtenähnlichen Tälern. Darüber erstrecken sich die Kornfelder der Sickinger Höhe, an deren Rand der alte Grafensitz Landstuhl und der US-Stützpunkt Ramstein liegen.

△ Ramstein: Mit dem Marktbrunnen hat Gernot Rumpf 1986 dem Karnevalsverein ›Bruchkatzen‹ ein Denkmal gesetzt

Kleinod mit Fresken: Landstuhls Alte Kapelle ▽

Eine außergewöhnlich günstige Lage hat Landstuhl an der Kreuzung zweier uralter Verkehrsadern: Von West nach Ost führt eine Straße von Lothringen zu den Mittelrheinstädten Worms und Mainz, von Nord nach Süd verbindet seit jeher ein Fernweg Trier an der Mosel mit Straßburg im Elsass.

△ Das barocke Rathaus ist das älteste Gebäude Ramsteins

2500 Jahre alte Routen

Auf diesen Routen hinterließen bereits die Kelten ihre Spuren, Steinkranzgräber aus der Latènezeit (500 v. Chr. bis Christi Geburt) belegen ihre Präsenz. Später nutzten die Römer die bewährten Wege als Nachschubstraßen für ihre Rheinarmeen, und auch die Franken profitierten ab dem späten 6. Jahrhundert von der guten Infrastruktur.
In der Folgezeit erlebte Landstuhl Höhen und Tiefen durch die Kaiserära Friedrich Barbarossas, die Sickingenherrschaft im 15. und 16. Jahrhundert sowie die Kriege in den nachfolgenden Jahrhunderten. Trotz allem, selbst dem letzten Bombenhagel hielten erfreulich viele Gebäude stand: In der Kirchenstraße, im Mittelalter Hauptstraße der Stadt, stehen mit der katholischen Andreaskirche, dem Alten Pfarrhaus, dem Amtshaus Rentei und der Zehntscheune einige stattliche historische Bauten.

△ Außer Betrieb: Moorbad in Landstuhl

Burgfestspiele auf Nanstein ▽

Zu den Mühlen im Wallhalbtal

In Landstuhl beginnt der Mühlenweg, der auf einer Strecke von 25 Kilometern über Wallhalben nach Thaleischweiler-Fröschen führt – vorbei an 13 Mühlen. Einige rotten vor sich hin, andere sind noch in Betrieb: Am Verkaufstresen von Wallhalben steigt einem der verführerische Duft von knusprigem Weck und Sechs-Pfünder in die Nase. In der Mühle wird Brot nach alten Rezepten gebacken. In der Würschhausermühle wird für die ortsansässigen Bäcker Getreide und Mehl nach modernen Gesichtspunkten mit elektrischer Energie gemahlen. Die Kneispermühle ist die ideale Einkehradresse für müde Wanderer, vor allem mittwochs, wenn man am Schlachttag preisgünstig Schlachtplatte mit Leberknödel, Wellfleisch, Bratwurst und Saumagen serviert.

In der Wallhalber Mühle wird der Sechspfünder noch nach altem Rezept gebacken ▽

△ Wallhalben: Steinmetzin auf dem Grumbeere-Markt, voller Sägebetrieb in der Würschhausermühle ▽

△ Zum Malen schön: Schäfchenwolken über den Feldern der Martinshöhe

△ Schafe bei Wiesbach: Die Sickinger Höhe ist auch Obst- und Weideland

Blickfang in Bann: Sickinger Forsthaus mit Barockzier ▽

Am sehenswertesten ist jedoch die Rosselmühle. Bereits um 550 soll sie gegründet worden sein. 1720 wieder aufgebaut, kann sie jetzt besichtigt werden. In ursprünglichem Zustand sind Wasser- und Kammerrad im Untergeschoss, das nach starken Regenfällen allerdings oft unter Wasser steht. Noch heute wird in bescheidenem Umfang Schrot und Mais für die Hühner gemahlen. Im Volksmund hieß die Mühle einmal ›Knochenmühle‹, weil sie Tierknochen zu wertvollem Dünger verarbeitete. Das Motto des Pächters seinerzeit: ›Knöchelche du stinkst, Geldche du blinkst.‹

Sickinger Grumbeere-Markt

Den Bezug zu Altbewährtem haben sich die Mühlentaler bis heute bewahrt. Beim alle zwei Jahre in Wallhalben stattfindenden Sickinger Grumbeere-Markt treffen Bauern, Korbflechter, Spinnweberinnen, Zimmerer, Dachdecker, Steinmetzen und alte Pferdenarren auf engstem Raum aufeinander – eine Marktatmosphäre wie zu Grafen- und Herzogszeiten. Dabei demonstrieren die einzelnen Berufsgruppen ihre handwerklichen Fähigkeiten, etwa die Kunst des Hufbeschlags oder Pillendrehens. Höhepunkt ist die Krönung der Marktgräfin Sickinger Land, die von einer 24-köpfigen Jury und dem Marktvolk gewählt wird und die Region später unter anderem auf Fachmessen repräsentieren darf. Eine Ehre für junge ledige Frauen ab 18, die neben Heimatverbundenheit vor allem touristisches Wissen und eine gute Portion Charme mitbringen müssen.

Grumbeer und Saumagen

Den kulinarischen Rahmen auf dem Markt bildet, wie in der gesamten Pfalz, die Grumbeer – die Kartoffel. Früher linderte der Erdapfel dank der Kohlenhydrate die Hungersnot, heute sind Urgroßmutters Kochrezepte wie ›Quetschekuche mit Grumbeere-Supp‹ oder ›Röschti met Lachssoß‹ wieder in aller Munde.

Die Westpfälzer Hausfrauen kamen früh auf die Idee, die Erdäpfel in Würfel zu schneiden und mit anderen Zugaben penibel in Schweinemägen zu stopfen, um das Gemisch

△ Zweibrücken: Das älteste Haus der Stadt ist heute Gasthaus

△ Eröffnung des Kultursommers in Zweibrücken: …

… Frankreich lässt grüßen ▽

△ Spaziergang im Blütenmeer: Der Rosengarten mitten in Zweibrücken gehört zu den größten Blumenparks Europas

△ Ein 2,5 Kilometer langer Weg führt zum Schlosspark Fasanerie

Landgestüt Zweibrücken: historische Stätte für edle Hengste ▽

anschließend stundenlang in Wasser zu garen. Das ist das ganze Geheimnis des durch Altbundeskanzler Kohl berühmt gewordenen Pfälzer Nationalgerichts ›Saumagen‹. Von Thatcher über Mitterrand bis zu Bush und Gorbatschow wurde dieses Gericht vielen ›Leuten von Welt‹ kredenzt. Ob sie es mit Appetit aßen, ist nicht übermittelt.

Herschberger Pferderennen

Garantiert Lust macht das Herschberger Pferderennen, das sich den Volksfestcharakter bis heute bewahrt hat. Die Gaudi ist riesig, wenn sechs bis zehn Reiter in maximal zehn Rennen von der Konradsmühle auf Deutschlands einziger Naturrennbahn das drei Kilometer lange Maibechltal hochgaloppieren. Bis zu 6000 Zuschauer fiebern dann an der Strecke mit den lokalen Heroen, zahlen beim Totalisator ihren Wetteinsatz und freuen sich darüber, dass echte Insider um Ruhm und Ehre kämpfen und Snobismus hier keine Chance hat. Denn teilnehmen kann jeder, der des Reitens mächtig ist. Festzelte mit Tanz und Trubel sorgen für die richtige Stimmung.

›Die Pfalz zu Pferd‹

Deutlich elitärer geht es am Landgestüt Zweibrücken zu. Kein Wunder, gibt sich doch hier die Reitelite aus ganz Europa zu bedeutenden Veranstaltungen die Ehre. Die Noblesse, mit der bereits der Gründer Herzog Christian IV. vor bald 250 Jahren die Pferdezucht umgarnte, ist bis heute nicht verflogen: Gezüchtet wird das edle, großlinige, korrekte Reitpferd, das auch im Ausland als typisch deutsches ›Prachtexemplar‹ für Furore sorgt.

Im selben Landgestüt wurde Ende April 2000 das Projekt ›Die Pfalz zu Pferd‹ feierlich ins Leben gerufen, um primär landwirtschaftlichen Betrieben eine bessere Auslastung zu ermöglichen. Der reit- und naturbegeisterte Tourist findet fortan in der gesamten Pfalz ein gut erschlossenes Reitwandernetz samt geeigneter Unterkunft. Zum Beispiel auf der Route von Contwig nahe Zweibrücken nach Bad Dürkheim an der Weinstraße könnte er in Waldfischbach, Kaiserslautern und Hochspeyer Station machen.

40
Sperrgebiet
BAUMHOLDER
KUSEL
LAUTER-ECKEN
WOLFSTEIN
ROCKEN-HAUSEN
OTTERBERG
Nordpfälzer Bergland
Miesenbach
Ramstein-Miesenbach
Landstuhl
KAISERSLAUTERN
Reichswald
Landstuhler Gebrüch
Waldmohr
Schönenberg-Kübelberg
Bruchmühlbach-Miesau
BEXBACH
HOMBURG
Sickinger Höhe
ZWEIBRÜCKEN
Contwig
Westrich
HORNBACH
PIRMASENS
RODALBEN
Waldfischbach-Burgalben
Deutsche Schuhstraße
Trippstadt
Hermersberg
Thaleischweiler-Fröschen
72

Wo gibt es was?

Fähnchenummer = Textnummerr ℹ = Auskunft

Ramstein-Miesenbach ①

Die Stadt am Reichswald ist vor allem als Nato-Luftwaffen-Stützpunkt bekannt.
Sehenswert: Im Zentrum barockes Altes Rathaus (1750) und Bruchkatzen-Brunnen (1986) von Gernot Rumpf auf dem Marktplatz. Im Ortsteil Miesenbach Naherholungsgebiet ›Seewog‹ mit Jakobsbrunnen (1970) und mehreren Jugendhäusern.
Museum: Das Heimatmuseum im Alten Rathaus setzt mit eigener Sattlerei auf bäuerliche Tradition, außerdem Wechselausstellungen (di–so 14–18 Uhr).
Aktivitäten: Freizeit- und Erlebnisbad Azur, Trimmpfade, Tennis, Reiten, Schießen, Wandern, Radfahren.
Veranstaltungen: Westricher Fastnachtsumzug (Fastnachtsdienstag). Brunnenfest (Juni). Wendelinusmarkt (Okt.). Theater und Konzerte im Haus des Bürgers (Info Kultur-Tagungszentrum, Tel. 06371/592220).
ℹ Verbandsgemeindeverwaltung, Am Neuen Markt 6, 66877 Ramstein-Miesenbach, Tel. 06371/5920, Fax 06371/592199, www.ramstein-miesenbach.de

Landstuhl ②

Die Stadt der Sickinger liegt heute wie zu Gründungszeiten (Stadtrechte seit 1356) im Zentrum wichtiger Verkehrsadern.
Sehenswert: Der Landstuhler Sickingenweg führt vom Amtshau an der Stadtmauer vorbei hinauf zur Burg Nanstein und über das alte Kurhaus (1896; heute Wohnung, Gastronomie, Geschäfte) zum Ausgangspunkt zurück. Burg Nanstein hatte Friedrich Barbarossa zum Schutz des ramponierten Reichslands um 1160 errichten lassen. Der gotische Chor der ehem. Pfarrkirche St. Andreas (13. Jh.) hat eine vollständige Ausmalung des 15. Jh. In der Hl.-Geist-Kirche (1955) zwei ehrwürdige Holzplastiken (15. Jh.), in der Gustav-Adolf-Kirche (16. Jh.) altes Rotsandsteinrelief der Sickinger. Der vom Comer See eingewanderten Familie Benzino gehörte die Villa Benzino (1841) am Marktplatz. Zeuge der Antike sind die ›Drei Steine‹ eines römischen Grabmals. In der Hauptstraße noch zahlreiche gut erhaltene Fachwerkhäuser (18. Jh.), Reste der Stadtmauer und Kriegerdenkmal ›Der Löwe‹ (1870). Schweres Eichengebälk stützt die Obergeschosse der Zehntscheune (13. Jh.).
Museum: In *Queidersbach* (6 km südöstl.) Heimatmuseum mit Dorfgeschichte, ausgewählter Pfälzer Münzsammlung und Bauernmöbeln (1. So im Monat 14–17 Uhr).
Aktivitäten: Allwetterbad, Tennis, Radfahren, Wandern.
Veranstaltungen: Maimarkt (1. Mai-So). Burgfestspiele Nanstein (Juni–Anf. Sept., Info über Verbandsgemeindeverwaltung). Augustmarkt (Anf. Aug.). Stadtfest (Sept.).
Umgebung: Bismarckturm (1900) auf dem 371 m hohen *Kirchberg* (3 km nördl.). Die Straße Richtung *Martinshöhe* (4 km südl.) säumen sieben amerikanische Mammutbäume (1861 gepflanzt). In *Bann* (4 km südöstl.) Sickinger Forsthaus (1761) mit barockem Bauschmuck an der Fassade.
ℹ Verbandsgemeindeverwaltung, Kaiserstr. 46, 66849 Landstuhl, Tel. 06371/830, Fax 06371/83101, www.landstuhl.de

Wallhalben ③

Den Ort umgibt eine bäuerlich geprägte Urlaubs-, Rad- und Wanderlandschaft.
Sehenswert: Ev. Kirche (12. Jh.). Mühlenweg mit 13 Mühlen, darunter Rosselmühle (siehe Museen), Würschhausermühle (Kornmahlmühle), Wallhalber Mühle (Bäckerei) und Kneispermühle (Waldgaststätte).
Museen: Im Mühlenmuseum der Rosselmühle sind Mahlstuhl und Wasserrad noch erhalten (n. V., Tel. 06334/1228). Im Waldmuseum *Herschberg* (1 km südl.) erfährt man einiges zum Lebensraum Wald (mo bis sa 14–21, so und fei 10–21 Uhr), von April bis Okt. Freizeitpark mit Tennis und Minigolf. Das Heimatmuseum im Rosendorf *Schmitshausen* (4 km südl.) stellt Kulturobjekte von der Sickinger Höhe aus (1. und 3. So im Monat 10.30–12 Uhr).
Aktivitäten: Wandern, Radfahren, Reiten.
Veranstaltungen: Bruder-Konrad-Ritt von der gotischen Kirche in *Labach* (4 km nördl.) nach Wallhalben, Reiterprozession und Festgottesdienst mit Pferdesegnung (1. Mai-So). Radlspaß im autofreien Mühlental (Juni 2004, alle 2 Jahre). Herschberger Pferderennen (Ende Juni/Anf. Juli). Nussbaumfest in Schmitshausen (2. Juli-So). Sickinger Grumbeere-Markt (Okt. 2003, alle 2 Jahre). Martinimarkt (Nov.).
Umgebung: Am Wasserschaupfad im *Odenbachtal* (7 km südl.) Infotafeln über geologische Gegebenheiten der Felsen sowie Pflanzen- und Tierwelt der Gewässer; Weihermühle mit Spielplatz und Ponyreiten. In *Thaleischweiler-Fröschen* (8 km südl.) mittelalterliche Burganlage Steinenschloss, Golfanlage und Rundflüge.
ℹ Tourist-Information Wallhalbtal-Sickinger Höhe, Hauptstr. 26, 66917 Wallhalben, Tel. 06375/921150, Fax 06375/921180, www.wallhalben.de

Zweibrücken ④

Die Rosen- und Pferdestadt (37 000 Einw.), nahe der französischen Grenze zwischen Pfälzerwald und Nordvogesen erhielt 1352 durch König Karl IV. das Stadtrecht.
Sehenswert: Das ehem. Herzogsschloss (1725). Daneben die Bibliotheca Bipontina mit 12 000 Bänden aus alten Beständen der Bibliothek des Klosters Hornbach (Führungen n. V., Tel. 06332/16403). Spätgotische Alexanderkirche (Ende 15. Jh.) mit wertvollen Grabdenkmälern und Gemälden. Von Schwedenkönig Karl XII. errichtete Karlskirche (Anf. 18. Jh., nach 1945 wieder aufgebaut). Kulturpark ›Europas Rosengarten‹ mit 60 000 Rosenstöcken in 2000 Arten (tgl. Mai–Sept. 10–19 Uhr, Programm mit Musik So-Nachm.). Der 2,5 km lange Rosenweg führt zum Waldpark Fasanerie mit Wildrosengarten, wo sich Polenkönig Stanislaus Leszczynski ein Lustschloss (1715–21, heute Ruine) hatte erbauen lassen. Die Barockgebäude der ›Neuen Vorstadt‹ beherbergen inzwischen Stadtverwaltung, Amts- und Landgericht sowie das Stadtarchiv. Das Landgestüt wurde 1755 von Herzog Christian IV. gegründet.
Museen: Stadtmuseum im Mannlichhaus zur Stadtgeschichte mit Sonderausstellungen zu aktuellen Themen (Herzogstr. 8; so 11–12 und 15–17 Uhr). Im Fossilienmuseum naturwissenschaftliche Fossilien- und Gesteinssammlungen (Poststr. 40; letzter So im Monat 10–12 Uhr). Ostdeutsche Heimatstuben (Herzogstr. 1; so 11–12 Uhr).
Aktivitäten: Freizeitbad Badeparadies, Reit- und Fahrlehrgänge im Landgestüt, Kanufahren, Wandern, Radfahren, Eislaufen.
Veranstaltungen: Hengstparade (Jan.). Zweibrücker Pferdemarkt (Mai). Rosentage (Juni). Festival der Marschmusik (Juli). Stadtfest (Juli). Schlosskonzerte (Sommer) und Festival Euroklassik (Sept.–Okt., Info über das Kulturamt, Tel. 06332/871451). Zweibrücker Pferdetage mit Herbstmarkt (Aug.). Spring-, Dressur- und Voltigierturniere, Pferderennen (ganzjährig, Info über Landgestüt, Tel. 06332/17556).
Umgebung: In *Großbundenbach* (9 km nördl.) ev. Kirche mit gotischen Fresken und Ruine der Burg der Grafen zu Bundenbach (jeweils n. V., Tel. 06337/314). In *Kleinbundenbach* Reit- und Fahrverein Bundenbacherhöhe. In *Contwig* (4 km östl.) Freizeitanlage mit Schwimmbad.
ℹ Stadtverwaltung, Büro für Fremdenverkehr, Poststraße 40, 66482 Zweibrücken, Tel. 06332/871123, Fax 06332/871145, www.zweibruecken.de

Hornbach ⑤

Der Klosterort an der französischen Grenze war im frühen Mittelalter ein bedeutendes kulturelles und geistiges Zentrum.
Sehenswert: Das um 750 von dem westgotischen Missionsbischof Pirminius gegründete Benediktinerkloster wurde 1558 aufgehoben. Sein Gemäuer wurde zum Hotel mit Tagungsstätte umgebaut. Das angrenzende Museum, die Pirminius-Gedächtnisstätte und die Kapelle St. Fabian sind aber weiterhin ebenso zu besichtigen (n. V., Tel. 06338/268) wie die ständige Ausstellung des Pflanzenheilkundlers Hieronymus Bock (n. V., Tel. 06338/7144).
Aktivitäten: Kinder-Freizeitpark, Becherbach-Wandergebiet.
ℹ Fremdenverkehrsbüro Pirminiusland, Landauer Str. 18, 66482 Zweibrücken, Tel. 06332/8062102, Fax 06332/8062999

Maßstab 1:200.000 — 0 2 4 6 8 10 km

Die steilen, teils brüchigen Sandsteinfelsen bei Dahn sind für Kletterer eine Herausforderung.

Der Pfälzerwald – grüne Wipfel, rote Felsen

Der Pfälzerwald, seit 1992 Unesco-Biosphärenreservat, ist mit seinen 1800 Quadratkilometern und einem Waldanteil von 75 Prozent Deutschlands größtes zusammenhängendes Waldgebiet. Wanderer treffen in Trippstadt, Waldfischbach, Rodalben, Eppenbrunn und anderen Orten eine gut markierte Tourenauswahl an. Im Dahner Felsenland ragen rot gefärbte Buntsandsteine aus dem Waldmeer, die früher bestens als Schutzmauern für Burgen taugten. Die Schuhmetropolen Pirmasens und Hauenstein liefern den Wanderern das rechte Fußwerk.

△ Pirmasens: Über der alten Schlosstreppe mit moderner Kaskade die neugotische Pirminiuskirche

△ Auf Pirmasens' Exerzierplatz macht der Wochenmarkt Station

Schuhfabrik-Museum Hauenstein ▽

△ Blick vom Schlossplatz zum Alten Rathaus, das heute drei Museen beherbergt

Der Löwe vom Unteren Schlossplatz wacht heute über Pirmasens Fußgängerzone ▽

Kleider machen Leute. Dazu gehören Schuhe. Theoretisch war der Schuh nach dem Feigenblatt das zweite Kleidungsstück und der Schuhmacher folglich der erste Beruf in der Geschichte der Menschheit. Ein Metier, das mit der Mode geht. Mit ihr wandelte sich auch die Schuhproduktion im Pfälzerwald.

Wirtschaftsfaktor Schuhe

Mitte des 19. Jahrhunderts kam die Schuhindustrie erst in Pirmasens, später in Hauenstein langsam in Fahrt und schaffte reichlich Arbeitsplätze. Der Fabrikschuster verdiente damals für elf Stunden Arbeit am Tag mit 43 Mark im Monat ähnlich viel wie ein Lehrer; Lehrlinge konnten sich mit zehn Pfennig Taschengeld die Woche in der Kneipe gerade ein Bier und ein wenig Käse bestellen. Tiefschläge musste die Branche 1921 durch die französischen Besatzer und vor allem im Zweiten Weltkrieg verkraften, bevor 1955 die eigentliche Blütezeit begann.
Heute hat sich das Gewerbe nach einigen Rezessionen einigermaßen erholt, wenn auch einheimische Kleinbetriebe durch Produktionsausgliederung in die kostengünstigeren Länder Osteuropas immer mehr von der Bildfläche verschwinden. Trotzdem halten sich die Beschäftigungszahlen in der Schuhbranche derzeit stabil – wohl auch, weil sich das Image des Schuhfertigers in der Öffentlichkeit positiv gewandelt hat.

Deutsche Schuhstraße

Die Deutsche Schuhstraße wurde 1958 gebaut, um den zahlreichen in der Schuhindustrie Beschäftigten Zeit und Kosten zu sparen. Heute sind zwischen Pirmasens und Hauenstein zwar alle wichtigen Schuhstationen auf rund 100 Kilometer Länge miteinander verbunden, doch von der ursprünglichen Idee, sie komplett für touristische Zwecke zu vermarkten, ist man wieder abgekommen. Die einzige gezielte Werbung besteht in einem Zusammenschluss einzelner Schuhgeschäfte in Pirmasens, Hauenstein, Leimen und Rodalben, die entweder besonders günstige oder in der Region produzierte Ware anbieten. In den genannten Orten führen Weg-

△ Bei Erlenbach: Burg Berwartstein auf mächtigem Felsklotz ist heute die einzige bewohnte Burganlage der Pfalz

△ Kletterer zieht es ins Dahner Felsenland mit seinen roten Buntsandsteinformationen

Ganz schön hoch: Burgruine Altdahn-Grafendahn-Tanstein ▽

Wanderziel ist der ›Teufelstisch‹ bei Hinterweidental ▽

△ Mittelalterfest auf der Burgruine Gräfenstein bei Merzalben … … mit musikalischer Untermalung ▽

weiser zu den Schuhgeschäften wie andernorts zu Schlössern und Museen.

Ein Musterbeipiel ist Hauenstein. Mit der Produktion von mehr als 500 000 Paar Schuhen im Jahr ist es das größte Schuhdorf der Republik. An die Blütezeit der Schuhproduktion erinnert das Deutsche Schuhmuseum. Dort rattern bei Führungen noch Originalmaschinen, und neben dem Schuhmacherhandwerk wird auch die Zeitgeschichte der letzten beiden Jahrhunderte dokumentiert. Witzige Attraktion am Rande sind die ›ausgelatschten‹ Originale: Schuhe von Prominenten wie Boris Becker, Thomas Gottschalk und Bundeskanzler Gerhard Schröder.

Naturnähe im Schwarzbachtal

Auf andere Art ›verkauft‹ sich das Schwarzbachtal bei Waldfischbach-Burgalben. Hier hat sich mit dem Campingplatz Clausensee ein Freizeitgelände etabliert, das mit eigenem Badesee sowohl Jugendzeltlager wie Naturfreunde anzieht. Wer es etwas ›geräuschvoller‹ mag und auf Gruppenanimation steht, wird sich hingegen etwas verloren vorkommen – Versuche dieser Art schlugen fehl.

Den Urlaubern genügt es offensichtlich, auf den von dichten Waldhängen umgebenen See zu blicken, ab und an in einem Ruderboot Runden zu drehen oder den Angelhaken ins Wasser zu werfen. Unruhe kommt nur auf, wenn der naturbelassene Schwarzbach nach starken Regenfällen über die Ufer tritt und Wiesen und Weiher des Waldtals zu einem großen See vereint.

Geliebte Burgen und Ruinen

Bestens markiert sind die Wege zu den Burgen und Ruinen, die sich im Pfälzerwald verstecken. Allein im Dahner Felsenland und dem benachbarten Elsass warten 16 Burgen und Ruinen auf ›Eroberer‹. Von den Burgtürmen öffnen sich herrliche Fernblicke auf Schwarzwald und Vogesen.

Eine der beeindruckendsten Anlagen ist die auf fünf Felsen erbaute Dreiergruppe Altdahn-Grafendahn-Tanstein bei Dahn. Älteste der Burgen ist Altdahn. Sie entstand um

△ Keine Wanderung ohne Brotzeit – mit Vorliebe an der Pfälzerwaldhütte im Moosbachtal bei Dahn

△ Das Forsthaus Stüdenbach in Eppenbrunn stammt aus dem Jahr 1750

Königsbruch ▽

△ Bei Waldfischbach: Das frische Quellwasser des Schwarzbaches ... ... fließt direkt in den Clausensee ▽

1100. Im 13. Jahrhundert wurde die Nachbarburg Grafendahn und Anfang des 14. Jahrhunderts Tanstein errichtet. In den typischen Wasgauburgen sind die künstlich angelegten Felsenkammern, Treppen und Gänge noch bestens in Schuss.
Andere Anlagen sind schon arg zerfallen und offenbaren nur noch einige pittoreske Grundmauern. Der Pfälzer liebt sie alle. Ihm genügen spärlichste Reste, um über die früheren Festungen derart ins Schwärmen zu geraten, dass Legenden und Balladen aus ihm heraussprudeln wie frisches Quellwasser.

Buntsandstein überall im Blick

Beste Aussicht genießt man auch von den bizarren Felsgestalten, die in Jahrmillionen durch Ablagerung von Buntsandstein entstanden sind. Allein im Dahner Felsenland wurden 47 Buntsandsteinfelsen als Naturdenkmale ausgewiesen. Kletterer, die in den zum Teil überhängenden Wänden die Herausforderung suchen, müssen viel Fingerspitzengefühl mitbringen – das Gestein ist nämlich ziemlich brüchig.
Im Schweinstaler Steinbruch, dem bekanntesten der Region, kann man ockergelben und blutroten Sandstein brechen. Das nahe Krickenbach, dessen Häuser überwiegend aus Sandstein gebaut werden, bezieht sein Baumaterial quasi direkt neben der Haustür. Auch für die Bildende Kunst ist der Steinbruch von Bedeutung: Hier veranstaltet der Bildhauer Willi Bauer, der 1986 bereits im Rahmen des ›Symposiums Schweinstal‹ die Skulptur ›Gespräche zum Teich‹ entwarf, kreative Seminare.

Eine Amerikanerin lehrt Kunst

Kunst ganz anderer Art lehrt die Amerikanerin Beverly B. Nevers im etwas östlich gelegenen Karlstal bei Trippstadt. Unter dem Motto ›Pfälzer Palette‹ offeriert sie das ganze Jahr über Malkurse im Pfälzerwald. Ihr Kursangebot reicht vom experimentellen Arbeiten auf Seide bis zur Aktzeichnung. Da ihre Stilrichtung naturalistische Tendenzen hat, sitzen die Teilnehmer häufig im Freien und machen sich die Natur zum Gegenstand.
Die Landschaft im Karlstal erinnert die Künstlerin stark an ihre Heimat

△ Das Barockschloss der Freiherren von Hacke bei Trippstadt ist heute Landesforstschule und Forstamt und kann nur von außen besichtigt werden

Malen bei Beverly Nevers ▽

Im Karlstal bei Trippstadt staut sich die Moosalbe in kleinen Seen, ... ▽

... sind die Schwäne und Enten bei der Wilensteiner Mühle an Menschen gewöhnt, ... ▽

... die in der idyllischen Schlucht gern auf Familien-Wandertour gehen ▽

in Ohio. Auch Pfälzer Tugenden wie Frohsinn und Offenheit entsprechen ganz ihrem Naturell. Die Identifikation mit der Pfalz ist sogar so stark, dass sie sich ein Leben ohne ihre Trippstädter Freunde im Augenblick nicht einmal vorstellen kann. Natürlich freut sie sich, wenn eine Gruppe aus Virginia an ihren Kursen teilnimmt. Doch letztlich ist sie hier ›eingebürgert‹, und auch der Umzug vom Karlstal unter den Lauterer ›Betze‹ haben am Faible der Trippstädter für die Malerin nichts geändert: Schließlich hängen hier die Wirtshäuser voll Nevers-Bilder.

Trippstädter Brunnenstollen

In Trippstadt sorgt der 365 Meter lange Brunnenstollen für Gesprächsstoff. Der aus dem 18. Jahrhundert stammende und erst 1976 wieder freigelegte Stollen sucht nördlich der Alpen seinesgleichen. Ähnliche Anlagen sind eigentlich für wasserarme Gebiete wie den Vorderen Orient oder Nordafrika typisch. Natürlich war das angezapfte Stollenwasser, das heute durch erhöhte Aluminiumwerte und sauren Regen stark belastet ist, damals von bester Qualität.

Das Phänomen Brunnenstollen wollte man für die Fremdenverkehrswerbung nutzen. Noch 1991 erfreute man sich an 800 Besuchern. Als jedoch die wertvolle Flora und Fauna unter der Besucherzahl zu leiden begann, verflog die anfängliche Euphorie. Untersuchungen ergaben, dass das seltene Leutmoos durch Licht in Mitleidenschaft gezogen wird und die Wasserfledermäuse auf störende Geräusche äußerst empfindlich reagieren. Selbst die ›Psyche‹ von Spinne, Weberknecht und der seltenen Pilzmücke wurde von Wissenschaftlern akribisch untersucht.

Man kam zu dem Schluss, dass bei derlei faszinierender Artenvielfalt allenfalls noch sanfter Tourismus vertretbar war. Die Tierliebe reicht inzwischen so weit, dass der Stollenführer seine bis zum Bauchnabel im Wasser watenden Gäste scherzhaft auffordert, sich lieber von den Mücken stechen zu lassen, als sie totzuschlagen. Wer sich dennoch in den Stollen wagen will, sollte sich wenigstens zwei Wochen im Voraus beim Verkehrsbüro anmelden.

Kaiserslautern
Landstuhl
Ramstein
Miesenbach
Hochspeyer
Frankenstein
Weidenthal
Naturpark
Pfälzer Wald
Trippstadt
Elmstein
Waldfischbach
Burgalben
Rodalben
Pirmasens
Münchweiler a.d. Rodalb
Hinterweidenthal
Hauenstein
Wilgartswiesen
Annweiler a.Trifels
Dahn
Erfweiler
Busenberg
Eppenbrunn
Fischbach b. Dahn
Ludwigswinkel
Bundenthal
Bad Bergzabern
Dörrenbach
Mundatwald
Wissembourg (Weissenbourg)
Niederbronn -les-Bains
Lembach
Hochwald
Deutsche Schuhstraße
Deutsch-Franz. Touristikroute
Deutsche Weinstr.
Deutsche Alleenstr.

Wo gibt es was?

Fähnchennummer = Textnummer ℹ = Auskunft

Trippstadt ①

Luftkurort im Pfälzerwald oberhalb des lieblichen Karlstals.
Sehenswert: Der 1767 erbaute Brunnenstollen versorgte bis 1965 zwei Dorfbrunnen (Führungen Mai–Sept.). Im Schloss der Freiherren von Hacke heute Landesforstschule und Forstamt. Skulpturenwege im Karls- und Schweinstal sowie Richtung *Stelzenberg* (2,5 km nordw.).
Museum: Eisenhüttenmuseum zur Eisengewinnung und -verarbeitung bis ca. 1900 (Verkehrsamt; mo–fr 10–12 und 14–16 Uhr).
Aktivitäten: Freibad, Tennis, Angeln, Wandern, Radfahren, Reiten, Planwagenfahrten, Malkurse Beverly Nevers (Tel. 0631/470426), Bildhauerkurse Willi Bauer (Tel. 0631/2016135).
Veranstaltungen: Konzert (Aug.) auf Burg Wilenstein (12. Jh.) im Karlstal. Kohlenbrennerfest (Sept.). Quackreiten mit Dorffest (Pfingstmontag) in *Schmalenberg* (6 km südw.). Backofenfest (Aug.) in Stelzenberg.
Umgebung: Im Alten Forsthaus von *Johanniskreuz* (6 km südöstl.) erhielt der Pfälzerwald 1843 den Namen. Wanderwege führen durch bis 300-jährigen Eichenbestand.
ℹ Tourist-Information, Hauptstr. 26, 67705 Trippstadt, Tel. 06306/341, Fax 06306/1529, www.pfaelzerwald-touristik.de

Waldfischbach-Burgalben ②

Verbandsgemeinde in der Urlaubsregion Holzland/Sickinger Höhe im Pfälzerwald.
Sehenswert: Heidelsburg aus keltisch-römischer Zeit. Gnadenkapelle (12. Jh.), Wallfahrtsort (Lourdesgrotte) und Bildungszentrum Maria Rosenberg. Dorfkirche Burgalben (12. Jh.).
Heimatmuseen: Waldfischbach-Burgalben, (Hauptstr. 112; do 17–19, jeder 2. So im Monat 14–16 Uhr). *Heltersberg* (7 km nordöstl.; di 15–17, fr 16–18 und 19–20 Uhr).
Aktivitäten: Beheiztes Bergbad, Hallenbad, Badesee, Wellness, Reiten, Wandern, Radfahren; Aquajogging, Angeln, Fliegenfischen in den umliegenden Gewässern.
Veranstaltungen: Straßenfastnacht (Sa vor Fastnacht). Kerscheschnitzelfest (Aug.) in *Höheinöd* (5 km westl.). Schnapsgassenfest (Aug.) in *Hermersberg* (9 km nördl.). Dorffest (Aug.) in *Geiselberg* (12 km nördl.). Fest der Moosalbtaler Blasmusik (Aug.) in *Steinalben* (6 km nördl.).
ℹ Tourist-Information, Friedhofstr. 3, 67714 Waldfischbach-Burgalben, Tel. 06333/925160, Fax 06333/925190, www.waldfischbach-burgalben.de

Rodalben ③

Kleines Städchen im Gräfensteiner Land.
Sehenswert: Marienkirche (14. Jh./1735) mit gotischen Fresken, Hochaltar (1756). Skulpturenweg mit Werken int. Bildhauer.
Museum: Dr. Johann Peter Frank Museum, über den Arzt (1745–1821) aus Rodalben (Schulstraße; n.V. Tourist-Info).
Aktivitäten: Baden, Angeln, Klettern. Felsenwanderweg (46 km), u.a. zur Bärenhöhle, der größten Felsenhöhle der Pfalz.
Veranstaltungen: Faschingsumzug; Ostermarkt; Grünesputsche-Fest (Aug.); Wandermarathon (Sept.); Weihnachtsmarkt; in *Clausen* (5 km nördl.) Hawefest (Mai); in *Merzalben* (11 km östl.) Brunnengässelfest (Juni), Mittelalterfest (Aug.) auf der Stauferburg Gräfenstein (12. Jh.).
ℹ Tourist-Information Gräfensteiner Land, Am Rathaus 9, 66976 Rodalben, Tel. 06331/234180, Fax 06331/234105, www.rodalben.de

Pirmasens ④

Schuh-, Messe- und Einkaufsstadt (48 000 Einw.) am Pfälzerwald.
Sehenswert: Rathaus (1770) am Exerzierplatz (Neugestaltung 1992). Barocke Lutherkirche (1757). Glasmalereien zum Johannesevangelium in der Johanniskirche (1750–58). Altes Stadthaus Kaffeegasse 12 (Ende 18. Jh.). Schusterbrunnen zum Gedenken an Schuster Joß (1780–1830), einen Pirmasenser Urahn.
Museen: Im Alten Rathaus Schuhmuseum mit Modellen aus aller Welt, Heimatmuseum mit Stadtgeschichte, Bürkelgalerie und Scherenschnittkabinett (do 15–18 und so 10–13 Uhr). In *Niedersimten* (2 km südl.) Westwall-Museum-Gerstfeldhöhe (April–Okt. sa und so 10–17 Uhr).
Aktivitäten: Luft- und Badepark Plub, Tennis, Minigolf, Schießen, Natureisbahn, Wandern in der Hexenklamm, Gersbachtal.
Veranstaltungen: Mai- und Krämermarkt. Heimatfest (Juli). Exerzierplatzfest (Sept.). Weihnachtsmarkt (Nov./Dez.).
Umgebung: In *Lemberg* (6 km südöstl.) Burgruine (um 1200), Flößeinrichtung (19. Jh.) im Storrbachtal.
ℹ Fremdenverkehrsamt, Rathaus am Exerzierplatz, 66953 Pirmasens, Tel. 06331/842355, Fax 06331/9940, www.pirmasens.de

Hauenstein ⑤

Der Luftkurort im Dahner Felsenland gilt als Deutschlands größtes Schuhdorf.
Sehenswert: Das Schuhmacherdenkmal würdigt die Brüder Seibel, die ersten Gründer einer Schuhfabrik (1886). Die Friedenssäule (1999) symbolisiert mit Handabdrücken Einigkeit, Recht und Freiheit.
Museum: Das Deutsche Schuhmuseum ist der Industriegeschichte, aber auch den politischen und sozialen Hintergründen der damaligen Zeit gewidmet (Turnstr. 5; März–Nov. tgl. 10–17 Uhr, sonst kürzer).
Aktivitäten: Frei- und Hallenbad, Tennis, Bootfahren, Angeln, Reiten, Wandern, Klettern, Tandemflug; Rodeln, Ski- und Langlauf.
Veranstaltungen: Schuhmachermarkt mit Festumzug (Juni 2005, alle 3 Jahre). Keschdewoche (Okt.). Deutsch-franz. Kunsthandwerksmarkt (2. Advent).
Umgebung: Bei *Wilgartswiesen* (3 km nördl.) Burgruinen Falkenburg (12. Jh.) und Wilgartaburg (8. Jh.). Bei *Hinterweidenthal* (7 km westl.) ›Teufelstisch‹ mit Spielpark. Vom Luitpoldturm bei *Hermersbergerhof* (7 km nördl.) herausragende Ausblicke.
ℹ Fremdenverkehrsbüro, Schulstraße 4, 76846 Hauenstein, Tel. 06392/915110, Fax 06392/915160, www.hauenstein.de

Dahn ⑥

Der Luftkurort im Dahner Felsenland ist kultureller Mittelpunkt der Region.
Sehenswert: Burgenmassiv Altdahn-Grafendahn-Tanstein (12. Jh.) mit Burgenmuseum (Ostern–Okt. 11–17 Uhr), Burgruine Neudahn, Naturdenkmal ›Jungfernsprung‹, ›Hochstein‹, Elwetritsche-Lehrpfad und Rundwanderweg.
Museen: Kreisgalerie mit Kunstsammlung L. Schindler und Wasgaubilder E. Knöringer, Wechselausstellungen (Schulstr. 14; di, do, sa 15–17, so 10–12 Uhr). Museum für Naturkunde, Handwerk, Waffentechnik (März bis Okt. mi, fr, sa 14–16, so 10–17 Uhr). Galerie N (Marktstr. 7, mi–fr, so 15–18 Uhr).
Aktivitäten: Felsland Badeparadies, Radfahren, Wandern, Tennis, Reiten, Angeln, Schießen, Klettern.
Veranstaltungen: Faschingsumzug. Sommerfestspiele (Mai–Okt.) Burg Altdahn und Theater. Burgfest. Dahner Wanderwoche. Martini-Straßenmarkt (Nov.).
Umgebung: *Burg Berwartstein* (März bis Okt.) bei *Erlenbach* (9 km östl.). Geologischer Lehrpfad Fladensteine bei *Bundenthal* (7 km südl.). Besucherbergwerk Eisenerzgrube (April–Okt. di–so 10–18 Uhr) bei *Nothweiler* (11 km südl.). Biosphärenhaus Pfälzerwald/Nordvogesen (ganzj.) in *Fischbach* (17 km südw.).
ℹ Tourist-Information, Schulstr. 29, 6994 Dahn, Tel. 06391/5811, Fax 06391/406199, www.dahner-felsenland.de

Eppenbrunn ⑦

Luftkurort an der französischen Grenze.
Sehenswert: Forsthaus (um 1750), einziger Fachwerkbau im Ort. Private Kakteensammlung (n.V. Tel. 06335/204) auf dem Weg zur Lourdesgrotte, einem Symbol des Nazi-Widerstands (1934).
Heimat- und Waldmuseum (Neudorfstr. 5; so 14–16 Uhr); daneben Freizeitpark.
Aktivitäten: Tennis, Angeln, Reiten, Wandern, z.B. vom Waldparkplatz am Spießweiher zu den Altschlossfelsen, 1,5 km langes Felsgebilde auf dem Brechenberg.
Veranstaltungen: Ostermarkt.
ℹ Verkehrsamt, Im Freizeitpark, 66957 Eppenbrunn, Tel. 06335/5155, Fax 06335/5955, www.eppenbrunn.de

Maßstab 1:200.000 (0 2 4 6 8 10 km)

Die Orte der Südlichen Weinstraße mit ihren alten Dorfstraßen sind äußerst fotogen – zum Beispiel Kirrweiler.

Ein Hauch Toskana: Südliche Weinstraße

Wohltuende Ruhe und ein bisschen mehr an Sonne – Kurzcharakteristik der 40 Kilometer langen Südlichen Weinstraße. Bad Bergzabern, Edenkoben, Maikammer und Leinsweiler sind wohl die bekanntesten der Weinorte. Zwischen den Hügeln des Pfälzerwaldes und unzähligen Reben muten sie mancherorts fast toskanisch an. Nur in Landau herrscht reges Stadtleben. Der Rand des Pfälzerwaldes ist von Burgen bekrönt. Allen voran Trifels oberhalb von Annweiler, der vornehmsten Feste der Stauferzeit.

△ Bad Bergzaberner Altstadtbummel: das Gasthaus ›Zum Engel‹, ein Renaissance-Juwel, und die Berg- oder Schlosskirche um die Ecke ▽

△ Bad Bergzabern: Zweibrücker Herzogsschloss

Im Hof der Burg Landeck ▽

Das Deutsche Weintor in Schweigen-Rechtenbach markiert den südlichsten Punkt der Weinstraße ▽

Mit dem ›Schoppenbähnel‹ durch die Landauer Weinberge zu fahren ist ein heiteres Vergnügen ▽

Zwischen der Rheinebene und dem Pfälzerwald hat die Südliche Weinstraße ihren Platz gefunden. Vom Wetter extrem begünstigt, erlaubt das nahezu mediterrane Klima eine um zwei Monate verlängerte Vegetationsperiode. Während im März bereits die Mandelbäume blühen, werden im Oktober noch die letzten Feigen gepflückt.

Feiern ohne Ende

Durch das Mehr an Sonne und Wärme hat vor Jahrhunderten bereits eine bemerkenswerte Weinkultur Einzug gehalten. Wenn die Lautstärke im Weinzelt die Qualität des Rebensafts anzeigen würde, hätten wir es zumeist mit Spitzentrauben zu tun. Denn der Südpfälzer lebt nach dem Motto: Wer feste arbeitet, kann auch feste feiern. Und das auf rund 100 Weinfesten an der Südlichen Weinstraße zwischen Mai und November. Egal ob bei der Owwergässer Winzerkerwe in Edenkoben oder beim Fest des Federweißen in Leinsweiler, die Feste in alten Winzerhöfen werden geradezu zelebriert und der Fremde schnell in die feucht-fröhlichen Gemeinschaften integriert. Macht dieser die Nacht zum Tag, wird er sich im Morgengrauen nicht mehr als Fremder fühlen.

Landau: Zentrum der Südpfalz

In Landau, obgleich zweitgrößte Weinbaustadt Deutschlands, dreht sich vieles, aber nicht alles um den Wein. Dafür sorgen allein schon die Studenten der 1991 gegründeten Universität, in der vor allem Pädagogik und Psychologie gelehrt werden. Die Atmosphäre in den Hörsälen ist im Vergleich zu anderen Städten noch richtig gemütlich, da der Professor seine Schützlinge alle mit Namen kennt. Abends geht es dann auf Tour – in die rund 250 Lokale oder in die Diskotheken.

Neben den Studenten sind es vor allem die Künstler, die Leben in die Stadt bringen. Das reiche Angebot an Ausstellungsräumen ruft Maler und Bildhauer, darunter oft junge Nachwuchskünstler, auf den Plan. Als Kulturtempel gilt die Festhalle, ein stilvolles Jugendstilgebäude. Daneben werden in der Villa Streccius,

△ Im Frühjahr ein Traum: Landaus Rathausplatz im zarten Rosa der Mandelbaum- und Magnolienblüten

Blickfang: Landaus neugotische Marienkirche ▽

Der Innenhof vom Frank-Loebsche-Haus erinnert an spanischen Kolonialstil ▽

△ Der spätgotische Kreuzgang von Landaus ehemaligem Augustinerkloster wurde nach Kriegszerstörungen wieder hergestellt

△ Germersheim: Ludwigstor … … und Fronte Beckers, die heute modernen Sandsteinskulpturen Platz bietet ▽

dem Frank-Loebsche-Haus und dem Strieffler-Haus laufend Kunstwerke ausgestellt.

Der original Landauer

Als Zeuge deutsch-französischer Scharmützel vergangener Jahrhunderte umgibt der gut erhaltene Festungswall die Stadt. In dieser Zeit entstand auch der original Landauer: 1702 fuhr Kaiser Josef I. mit einem nach hinten und vorne aufklappbaren viersitzigen Kutschenwagen von Wien nach Impflingen, um von dort den Sturm auf die Festung Landau vorzubereiten – und schrieb somit ungewollt Verkehrsgeschichte. Entlang der Festungsmauern sorgen heute großzügige Parkanlagen und Gärten für erholsames Grün. Auch ein Beitrag dazu, dass das von Weinbergen, Raps- und Tabakfeldern umgebene Landau seinen ländlichen Charme nie ganz verlieren wird.

Festungsstadt Germersheim

Als Schutzwall gegen feindliche Angriffe der jeweils anderen Seite diente Deutschen wie Franzosen bis ins 20. Jahrhundert Germersheim. Viel ist neben dem Ludwigs- und Weißenburger Tor aufgrund der zahlreichen Bombardements nicht übrig geblieben. In der Festungsanlage Fronte Beckers sieht man noch Reste der Stadtumwallung, ausgediente Minenanlagen und Grabenwehre. Im Sommer 1997 wurde der Graben der Festungsanlage in einen Skulpturenpark verwandelt. Zehn Bildhauer schufen aus jeweils drei Kubikmeter Buntsandstein zum Teil in Kombination mit Stahl die unterschiedlichsten Kunstwerke. Die Themen reichen dabei vom Kometen Hale-Bopp bis zum knienden Torso.

Besuchermagnet Trifels

Weniger Ein- als Ausblicke bis in die Oberrheinische Tiefebene gewähren die Burganlagen und Ruinen des Pfälzerwaldes. Die Kaiserburg Trifels bei Annweiler erklimmen jährlich über 100 000 Besucher, Resultat ihrer enormen historischen Bedeutung: Die von den Staufern im 12. Jahrhundert zur Reichsburg ausgebaute Anlage war nicht nur von 1192 bis 1194 Gefängnis des englischen Königs Richard Löwenherz,

△ ›In des Königreichs mildestem Teil‹ ließ König Ludwig I. von Bayern ab 1845 oberhalb von Edenkoben das Sommerschloss Villa Ludwigshöhe bauen

△ Sommerliche Freilichtspiele vor dem Schlosshotel Edesheim

Sommersitz des Malers Slevogt war Leinsweiler: Musikzimmer im Slevogthof ▽

△ Annweiler lockt mit Geschichte: auf dem ersten der drei Burgberge der kaiserliche Trifels, im Ort ein historischer Straßenmarkt ▽

sondern bereits ab 1125 Schatzkammer des Heiligen Römischen Reiches. In Glasvitrinen sind die Nachbildungen der Reichsinsignien zu bewundern, die bis 1274 auf dem Trifels verwahrt wurden. Im Original befinden sie sich heute in der Wiener Hofburg.

Ludwigshöhe und Edesheim

Auch Bayern-König Ludwig I. fand die Gegend so reizvoll, dass er sich mit dem Schloss Ludwigshöhe die ›schönste Quadratmeile seines Königreiches‹ schaffen ließ. Als er 1852 mit Gemahlin und Gefolge seine Villa erstmals als Sommerresidenz nutzte, lag ihm – glückbeseelt – die ganze Pfalz zu Füßen. Heute blicken nicht nur die Bewohner von Edenkoben mit Stolz auf die pfälzisch-bayerische Monarchie der Wittelsbacher zurück.

Die Ursprünge des Wasserschlosses Edesheim hingegen reichen bis in das 8. Jahrhundert zurück. Lange Zeit zählte es zu den Adelssitzen des Klosters Weißenburg, bevor Bischöfe aus Speyer das Schloss entdeckten. Heute kann der Besucher hier übernachten und sich ein paar fürstliche Tage gönnen, Ende Juli sogar mit einem Schlossgartenfest garniert.

Der ›Slevogthof‹ in Leinsweiler

Das winzige Leinsweiler, unbestritten eines der vollendetsten Winzerdörfer der Pfalz, hat einen großen Namen – durch den ›Slevogthof‹. Die Bezeichnung verdankt das heutige Gasthaus Deutschlands berühmtem Impressionisten Max Slevogt (1868–1932), der sich das um 1830 erbaute Hofgut zum Sommersitz auserkoren hatte. Im Musikzimmer und in der Bibliothek richtete sich der Maler und Grafiker seinerzeit ein Atelier ein, wo viele seiner bekanntesten Werke entstanden und noch immer einige Kostproben zu bewundern sind. Weitaus mehr Gemälde des Künstlers hängen allerdings an den Wänden der Villa Ludwigshöhe.

Wasser als heilende Kraft

Ob König Ludwig einst neben der reizvollen Landschaft und dem sonnenverwöhnten Klima auch die Körper und Seele beflügelnde Wirkung der natürlichen Wasser-

△ Maikammer putzt sich mit gepflegten Renaissance- und Barockfassaden

St. Martin: ›Stillleben‹ mit plätscherndem Bach, ... ▽

... hl. Martin vor der gleichnamigen Kirche ▽

△ Treffpunkt beim Blütenfest in Rhodt ist die Theresienstraße

Blütenrausch in der Edenkobener Altstadt ▽

quellen zu schätzen wusste, ist nicht übermittelt. Unweit seiner Villa betrieb Dr. Ludwig Schneider im Hainbachtal ein vorzüglich ausgestattetes Badehaus mit Dusche, Sturzbach und Wellenbad. Hier brachte er seine Patienten, die zum Teil mit Pferdekutsche vom Sanatorium Bad Gleisweiler geholt wurden, mit der viel gepriesenen Kaltwasser-Therapie wieder auf Trab. Ihren Namen allerdings verdankt diese Therapie dem Pfarrer Sebastian Kneipp (1821–1897), der sie etwa zur gleichen Zeit im bayerischen Wörishofen empfahl. Die Anlage im Hainbachtal wurde später von der Botanik des Pfälzerwaldes überwuchert, 1990 zufällig wieder entdeckt und in mühsamer Arbeit freigelegt.

Seit Mitte des 19. Jahrhunderts entstanden in der Pfalz gleich mehrere Thermalkurorte. Vor allem Bad Bergzabern wurde mit der Erbohrung der Petronellaquelle in 450 Meter Tiefe zum wichtigsten Kurort der Region. Heute tummeln sich im Therapiebecken Kurgäste, die sich von Heublumen-Entspannungsbad, Kräutersprudelbad oder Wassergymnastik neue Lebensenergien versprechen.

Preisgekrönte Orte

Mit zum Teil 400 Jahre alten Fachwerkhäusern und Winzerhöfen, malerisch eingebettet in ein Meer von Reben, wird an der Weinstraße Jahr für Jahr offiziell um den ›Schönheitspreis‹ gekämpft. Die ohnehin hübschen Gässchen und Sandsteinfassaden werden hierfür regelmäßig herausgeputzt. In den vergangenen Jahren gewannen Maikammer, St. Martin und Kirrweiler den prestigeträchtigen Titel, und so verwundert es nicht, dass sie zusammen das Land Rheinland-Pfalz im Rahmen des weltweiten Projekts ›Dorf 2000‹ vertreten und natürlich auch gewinnen wollen.

Jung und Alt spornen sich gegenseitig an, vom Bäcker bis zum Wirt machen alle gemeinsame Sache. Und immer wieder ist es das Weinglas, in dem sich der ganze Stolz des Volkes spiegelt. Die Dichterin Ursula Hummel beschreibt dieses Glücksgefühl so: ›Was Gott erschuf durch Winzerfleiß, im Schoppenglas erstrahlt. Maikammer's Wein, wie jeder weiß, vergisst man nicht so bald …‹

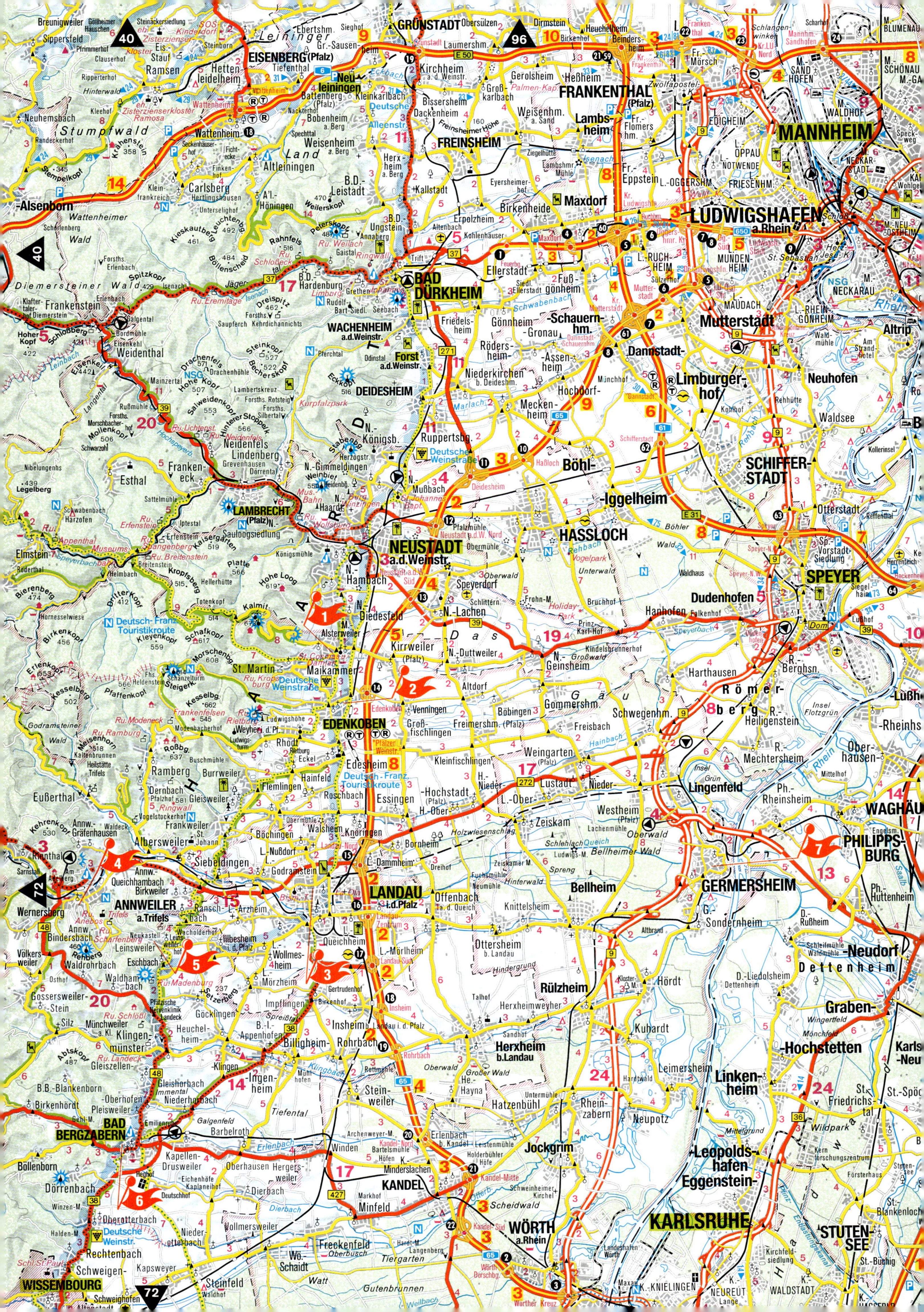

GRÜNSTADT
EISENBERG (Pfalz)
Neuleiningen
Kirchheim a.d. Weinstr.
Gerolsheim
Heßheim
FRANKENTHAL (Pfalz)
MANNHEIM
Ramsen
Hettenleidelheim
Wattenheim
Stumpfwald
Carlsberg
Altleiningen
Weisenheim a. Berg
FREINSHEIM
Lambsheim
Maxdorf
Birkenheide
LUDWIGSHAFEN a. Rhein
Alsenborn
Diemersteiner Wald
Frankenstein
Weidenthal
BAD DÜRKHEIM
Ellerstadt
Fußgönheim
Mutterstadt
Altrip
Neuhofen
WACHENHEIM a.d. Weinstr.
Forst a.d. Weinstr.
DEIDESHEIM
Niederkirchen b. Deidesheim
Meckenheim
Dannstadt-Schauernheim
Limburgerhof
Waldsee
Elmstein
Esthal
Frankeneck
LAMBRECHT (Pfalz)
Lindenberg
Neidenfels
Ruppertsberg
Böhl-Iggelheim
SCHIFFERSTADT
Otterstadt
NEUSTADT a.d. Weinstr.
HASSLOCH
SPEYER
Dudenhofen
Kirrweiler (Pfalz)
St. Martin
Maikammer
EDENKOBEN
Edesheim
Harthausen
Römerberg
Lingenfeld
Mechtersheim
Weingarten (Pfalz)
Lustadt
Westheim
Zeiskam
Eußerthal
Albersweiler
Siebeldingen
ANNWEILER a. Trifels
LANDAU i.d. Pfalz
Offenbach a.d. Queich
Bellheim
GERMERSHEIM
PHILIPPSBURG
WAGHÄUSEL
Ottersheim
Rülzheim
Herxheim b. Landau
Kuhardt
Hördt
Neudorf
Dettenheim
Graben-Neudorf
Hochstetten
Linkenheim
Leimersheim
Rheinzabern
Jockgrim
BAD BERGZABERN
KANDEL
Minfeld
WÖRTH a. Rhein
KARLSRUHE
Leopoldshafen
Eggenstein
STUTENSEE
WISSEMBOURG
Schweigen-Rechtenbach
Dörrenbach
Deutsche Weinstraße
Deutsch-Französische Touristikroute

Wo gibt es was?

Fähnchennummer = Textnummer ℹ = Auskunft

Maikammer ①

Die große Weinbaugemeinde (ca. 830 ha Rebfläche) ist eines der schönsten Dörfer der Deutschen Weinstraße.
Sehenswert: Barockkirche St. Cosmas und Damian (1757). Winzerhäuser im Fachwerkstil, Patrizierhöfe (um 1900). Ein Kleinod ist der Kreuzigungsaltar (1445) in der Kapelle im Ortsteil *Alsterweiler* (nördl.).
Aktivitäten: Beheiztes Freibad, Tennis, Squash, Radfahren; Waldlehrpfad, Weinlehrpfad Mandelhöhe, Historienpfad in Maikammer-Traube, Naturlehrpfad in Maikammer-St. Martin, geführte Weinberg-Wanderung (Ostern–Okt. mi 10 Uhr).
Umgebung: Im Weinort *Kirrweiler* (3 km östl.) Reste des Bischöflichen Schlosses und der Befestigung. Weindorf *St. Martin* (2 km westl.) mit mehreren Adelssitzen.
ℹ Tourismusbüro, Johannes-Damm-Str. 11, 67487 Maikammer, Tel. 06321/589917, Fax 06321/589916, www.maikammer.de

Edenkoben ②

Staatlich anerkannter Luftkurort.
Sehenswert: Die Künstlerhäuser ›Bergelmühle‹ und ›Herrenhaus‹, zahlreiche Galerien und alte Winzerhäuser (16.–19. Jh.) säumen die romantischen Gassen. Heute Weingut ist das ehem. Zisterzienserinnen-Kloster Heilsbruck (13. Jh.).
Museen: Museum für Weinbau und Stadtgeschichte (Weinstr. 107; April–Okt. fr 16–19, sa 15–18, so 14–17, Nov.–März so 14–17 Uhr). In der Villa Ludwigshöhe (1845–52), Sommerschloss Ludwigs I. von Bayern, Werke des Impressionisten Max Slevogt (di–so April–Sept. 10–18, Okt. bis März 10–17 Uhr, Dez. geschl.).
Aktivitäten: Tennis, Bootfahren, Weinlehrpfad-Führungen, Wandern mit dem Förster.
Veranstaltungen: Owwergässer Winzerkerwe (ab Fronleichnam) mit mittelalterlichem Markt. Kultur im Kloster Heilsbruck (Sommer). Freilichtspiele im Schlosshotel *Edesheim* (3 km südl.). Pfingst-Blütenfest in *Rhodt* (2 km nordw.).
Umgebung: Sesselbahn von Schloss Ludwigshöhe zur Aussichtsterrasse der Ruine *Rietburg*. Denkmal- und naturgeschützt ist Rhodt mit über 350-jährigem Weinberg.
ℹ Büro für Tourismus, Poststr. 23, 67480 Edenkoben, Tel. 06323/959222, Fax 06323/959288, www.edenkoben.de

Landau ③

Die Hauptstadt (40 000 Einw.) der Südlichen Weinstraße wurde wegen der strategischen Lage einst von Franzosen, Bayern und Preußen beansprucht; heute Wirtschaftszentrum und Universitätsstadt (seit 1991).
Sehenswert: Französisches und Deutsches Tor als letzte Reste der 1867 geschleiften Vauban-Festung (1688–91). Im Fort (1700–02) im Nordwesten heute Uni. In der Stiftskirche (14.–15. Jh.) Barockorgel (1772). In der Augustiner-Klosterkirche (1404–13) wertvolle Wandmalereien. Zoo mit rund 70 Tierarten (tgl. 9–18 Uhr).
Museen: Historisches Stadtmuseum (Marienring 8; mo–do 8.30–12 und 14–16, do bis 18 Uhr). Ausstellungen im Frank-Loebsche-Haus (17. Jh., Kaufhausgasse 9).
Aktivitäten: Erlebnisbad La Ola, Stadionfreibad, Kutschfahrten im Landauer; bei *Essingen* (4 km nordöstl.) Reit- und Golfanlage Dreihof (18 Loch); in *Herxheim* (11 km südöstl.) in der freien Kunstschule Villa Wieser regelmäßig Kunstseminare.
Veranstaltungen: Konzerte und Theater in der Jugendstil-Festhalle (1905–07). Kulturzentrum Altes Kaufhaus (Rathausplatz). Weintage im Frank-Loebsche-Haus (Juni). Fest des Federweißen (Okt.). Kunsthandwerklicher Nikolausmarkt. In Herxheim Aufführungen des Chawwerusch-Theaters.
Umgebung: Subtropischer Park der Privatklinik *Bad Gleisweiler* (7 km westl.); im Hainbachtal historische Walddusche mit Badehaus. In *Burrweiler* (7 km nordw.) gotische Pfarrkirche (1523) und Ofenmuseum (do und fr 14–18, sa 11–17, so 13–18 Uhr).
ℹ Büro für Tourismus, Marktstr. 50, 76829 Landau, Tel. 06341/13182, www.landau.de

Annweiler am Trifels ④

Der Ort im Queichtal ist nach Speyer die älteste Reichsstadt (seit 1219) der Pfalz.
Sehenswert: In der historischen Altstadt Wasserräder und Fachwerkhäuser. Fresken zur Stadtgeschichte von A. Kessler (1890 bis 1974) in Rathaus (Hohenstaufensaal) und kath. Kirche. Oberhalb die Kaiserburg Trifels (tgl. 9–18 Uhr). Auf den Nachbarhügeln Burgruinen Anebos und Scharfenberg.
Museum unterm Trifels: Trifels-, Stadt-, Landschaftsgeschichte (di–so 10–17 Uhr).
Aktivitäten: Trifelserlebnisbad, Tennis, Reiten, Naturlehrpfad, geführte Wanderung.
Umgebung: In *Ramberg* (9 km nordöstl.) Bürstenbinder-Museum (mi, sa und so 14 bis 17), Ruinen Ramberg und Meistersel. In *Eußerthal* (8 km nördl.) spätromanische Zisterzienser-Abteikirche (13. Jh.).
ℹ Büro für Tourismus, Hauptstr. 20, 76855 Annweiler am Trifels, Tel. 06346/2200, Fax 06346/7917, www.trifelsland.de

Leinsweiler ⑤

Staatlich anerkannter Erholungsort im malerischen Birnbachtal.
Sehenswert: Im Ort Renaissance-Rathaus (1619), davor Drei-Röhren-Brunnen (1581). Im Gasthof ›Slevogthof‹ Wand- und Deckenmalerei (1924/29) des Künstlers (sa–mi; Führungen n. V., Tel. 06345/3685).
Aktivitäten: Wandern, Radfahren; Weinbergführung (Juni–Okt. mi 9.30 Uhr).
Umgebung: Von *Eschbach* (1 km südl.) schöner Weg zur Madenburg (11. Jh.).
ℹ Büro für Tourismus, Hauptstr. 4, 76829 Leinsweiler, Tel. 06345/3531, Fax 06345/2457, www.leinsweiler.de

Bad Bergzabern ⑥

Die Kurstadt war wiederholt im Besitz der Zweibrücker Grafen und Herzöge.
Sehenswert: Schloss (1527–79). In der historischen Altstadt Marktplatz mit Altem Rathaus (1705) und Marktkirche (1321–36).
Museen: Stadtmuseum im Gasthaus ›Zum Engel‹ (1579), einem bedeutenden Renaissance-Bau (Königstr. 45; mi und sa 16–18 Uhr); Zinnfigurenmuseum mit der Weltgeschichte in 20 000 Zinnfiguren (Buchhandlung Wilms, Marktstr. 14; mo–fr 8.30–12 und 14–18, sa 8.30–12 Uhr); Westwallmuseum (Kurfürstenstraße; 1. So im Monat 10–16 Uhr). Haus der Modellbahnfreunde (n. V. Tel. 06343/7638).
Aktivitäten: Mehrere Bäder, Trimm-Dich-Pfad, Tennis, Reiten, Kutschfahrten, Angeln, Drachenfliegen, Klettern.
Veranstaltungen: Kurkonzerte (April bis Okt.). Ostermarkt. Altstadtfest (Juni). Böhämmerfest (Juli).
Umgebung: Bei *Klingenmünster* (6 km nördl.) Burgruine. In *Dörrenbach* (4 km westl.) bedeutendes Fachwerk-Rathaus (1590), Pfarrkirche (14./16. Jh.), Wehrfriedhof (14./16. Jh.). In *Schweigen-Rechtenbach* (7 km südl.) Tor zur Deutschen Weinstraße sowie Deutsch-Französisches Puppen- und Spielzeugmuseum (mo–fr 9–18, sa und so 11–18 Uhr). Bei *Steinfeld* (7 km südöstl.) Kakteenland (mo–fr 8–18, sa und so 9–17 Uhr).
ℹ Kurverwaltung, Kurtalstr. 27, 76887 Bad Bergzabern, Tel. 06343/93400, Fax 06343/934022, www.bad-bergzabern.de

Germersheim ⑦

Die Rheinstadt (21 000 Einw.) war wichtige Durchgangsstation seit der Römerzeit.
Sehenswert: Überreste der Fortifikationen (19. Jh.): Fronte Beckers, darin Skulpturenpark, Ludwigs- und Weißenburger Tor.
Museen: Stadt- und Festungsmuseum im Ludwigstor (1. So im Monat 10–17, mi 14–18 Uhr). Zum Straßenbau Deutsches Straßenmuseum im Zeughaus (di–fr 10 bis 18, sa und so 11–18 Uhr).
Aktivitäten: Angeln, Radeln; Erlebnisbad Moby Dick in *Rülzheim* (7 km südwestl.); großer Badepark in *Wörth* (24 km südl.).
Umgebung: Zügel-Galerie (jeden 1. So im Monat) in Wörths Altem Rathaus. In *Rheinzabern* (14 km südl.) Terra-Sigillata-Museum (so 13–17 Uhr). In *Jockgrim* (18 km südl.) Ziegeleimuseum (mi 14–16, so 10–12 Uhr).
ℹ Verkehrsverein, Luitpoldplatz 1, 76726 Germersheim, Tel. 07274/53232, Fax 07274/53361, www.germersheim.de

Maßstab 1:200.000 — 0 2 4 6 8 10 km

Deusches Weinlese-fest in Neustadt: Jeder, der sein Glas bereit hält, bekommt reinen Wein eingeschenkt.

Fröhliches Erlebnis Deutsche Weinstraße

Die Deutsche Weinstraße ist eine der ältesten Touristikrouten in Deutschland. Zwischen Bockenheim im Norden und Neustadt im Süden reihen die Weinorte sich wie Perlen auf der Schnur aneinander: Grünstadt, Freinsheim, Bad Dürkheim, Wachenheim, Deidesheim. Höhepunkte der (Wein-)Seligkeit sind der Wurstmarkt von Bad Dürkheim und das Deutsche Weinlesefest in Neustadt im September und Oktober. Und den ganzen Sommer über kann man auf Weinbergwanderungen die Trauben reifen sehen.

△ Ritt durch die Weinberge: Der Durst danach muss doppelt groß sein

Bei der Weinlese helfen alle mit ▽

△ Beliebt: Spaziergang durch die Rebhügel

△ *Unterwegs auf dem Deutschen Weinlesefest in Neustadt: Weinkönigin und Autoveteran* ▽

An der Deutschen Weinstraße stehen mittlerweile über 100 Millionen Rebstöcke. Würde man sie in eine Reihe pflanzen, reichte diese fast drei Mal um die ganze Erde. Die jährlich im Herbst geernteten Trauben ergeben rund 2,5 Millionen Hektoliter – die Pfalz steht damit hier zu Lande an erster Stelle aller Weinbaugebiete: Jede vierte Flasche deutschen Weins kommt aus der Pfalz.

Absolute Spitze: Riesling ...

Die größte Aufmerksamkeit gilt dem Riesling, häufig auch ›König der deutschen Weine‹ genannt. Bei dem jährlichen Qualitätswettbewerb der rheinland-pfälzischen Landwirtschaftskammer ist inzwischen von den mehr als 6000 Pfälzer Weinen jeder vierte ein Riesling, der auch bei den Winzersekten eine dominierende Rolle spielt. Unter den Weinbauern gilt der Riesling als robust und widerstandsfähig. Er besitzt große, dunkelgrüne, fünflappige, derbe Blätter. Seine Trauben mit kleinen, runden, grüngelben Beeren reifen sehr spät.
Der Riesling wird in Lagen mit leicht erwärmbaren, durchlässigen und zum Teil steinigen Böden angebaut, wie dies vielerorts an der Deutschen Weinstraße der Fall ist. Dort bringt er bei durchschnittlichen und gleichmäßigen Erträgen Trauben, die über feine Fruchtsäuren und Aromastoffe verfügen. Sortenreine Rieslingweine sind herzhaft-fruchtig und bestechen durch eine nervige Säure. Ihr elegantes Bukett erinnert bisweilen an den feinen Duft von Pfirsichen. Die Säure verleiht ihnen Frische und überdurchschnittliche Lagerfähigkeit. Auf leichteren Böden zeigen sie mehr Rasse und exzellente Frucht; auf schweren Böden werden sie kräftiger, markanter und körperreicher.

... und Müller-Catoir

Die jährlich erscheinende Ausgabe des ›Gault Millau Weinguide‹ nimmt die Leistungsfähigkeit der deutschen Winzer unter die Lupe. Die absolute Spitze der Pfalz bildet demnach das Weingut Müller-Catoir aus Haardt bei Neustadt. Die Weinexperten haben zwar einige Konkurrenten ausgemacht, die Mül-

△ Deidesheim: Andreasbrunnen …

… und Altes Rathaus mit einem Baldachinaufsatz auf dem Treppenpodest ▽

△ Gilt als Wiege der deutschen Demokratie: das Hambacher Schloss

△ Neustadt von seinen reizvollsten Seiten: der Platz vor dem barocken Rathaus ... ... und die verwinkelten Altstadtgassen ▽

ler-Catoir den ersten Rang streitig machen könnten, doch keiner davon wirkt über das gesamte Sortiment nur annähernd so überzeugend. Das Verfolgerfeld besteht aus Betrieben wie Koehler-Ruprecht in Kallstadt, Christmann in Gimmeldingen oder Mosbacher in Forst.

Im Trend: Weinstraße autofrei

Irgendwie liegt es im Trend. Die vielen autofreien Nebenstraßen und Wirtschaftswege ziehen immer mehr Radfreunde, Reiter und unternehmungslustige Familien in die Weinlandschaft. Sich durch die endlosen Rebstöcke treiben zu lassen ist offenbar zur beliebten Freizeitbeschäftigung geworden. Einmal pro Jahr verwandelt sich sogar die gesamte Strecke zwischen dem Haus der Deutschen Weinstraße im Norden und dem Deutschen Weintor im Süden in einen 85 Kilometer langen Vergnügungspark: Immer am letzten Sonntag im August ist die Weinstraße zwischen Bockenheim und Schweigen für den motorisierten Verkehr gesperrt. Attraktion für 300 000 bis 400 000 unmotorisierte Menschen – zu Fuß, per Rad, Roller, Inlineskates. Winzer öffnen ihre Höfe für die Pilgerströme, die Orte stellen sich mit Erlebniseinkauf und Kulturveranstaltungen auf die Menschenmassen ein.

Von Neustadt ins Elmsteiner Tal

Permanentes Erlebnis ist Neustadt: zum Einkaufen, Bummeln, Einkehren in historischer Kulisse. Wer dem Trubel entgehen möchte, für den schnauft seit 1984 jeden zweiten Sonntag zwischen Ostern und Oktober das ›Kuckucksbähnel‹ ins Elmsteiner Tal. Die Lok mit den alten Waggons ist längst kein Geheimtipp mehr: Hobbyfilmer und Fotofreunde säumen die Strecke, wenn sich der dampfende Oldtimer auf den sanft ansteigenden Weg macht. Bereits im Morgengrauen müssen die preußische Lok der Baureihe T3 mit 290 PS (Baujahr 1910) oder ihre Kollegin, die Schlepptenderlok ›Speyerbach‹ (Baujahr 1904) mit Kohlen beladen werden. Danach wird Wasser gefasst und der Kessel unter Dampf gesetzt. Kurz nach 10.30 Uhr steht der Zug dann an Gleis 5 des Neustädter Hauptbahnhofs zur Abfahrt

△ Ob Wallfahrt oder Volksfest: Bad Dürkheims Wurstmarkt hat sich im Laufe der Jahrhunderte zwar gewandelt, ein Besuchermagnet aber ist er bis heute geblieben

△ In Hasslochs Holiday Park: GeForce-Achterbahn auf 62 Meter Höhe, ... Spektakuläres im Aquastadion ▽

△ Bad Dürkheim: Kulturzeuge ist die Ruine des fast 1000-jährigen Klosters Limburg, Kurmittel das feuchte Heilklima im Gradierbau ▽

bereit. Mit lang gezogenem Pfiff der Lokomotive beginnt die 14-Kilometer-Fahrt. Erst langsam, dann immer schneller und gleichmäßiger wird das rhythmische Geräusch der Schienenübergänge ungedämpft auf die Sitze der ›Holzklasse‹ übertragen. Zur Entspannung gibt's in einem Packwagen die ›Kuckucksschänke‹. Im burgengesäumten Elmsteiner Tal verlaufen die Schienen direkt neben dem Speyerbach. Nach jeder Biegung offenbart sich ein neuer Reiz dieser Landschaft. Grund, trotz des langsamen Tempos einige Fotostopps einzulegen. Die Bahnstrecke ist auch auf einem rund 16 Kilometer langen gut markierten Rad- und Wanderweg zu erkunden – an allen Tagen.

Der Dürkheimer Wurstmarkt

Jedes Jahr, am zweiten und dritten Wochenende im September, steht die Pfalz für neun Tage Kopf. Über 600 000 Besucher kommen auf die Bad Dürkheimer Brühlwiesen und konsumieren dort über 300 000 Liter Wein im traditionellen Dubbeglas. Es versteht sich von selbst, dass der edle Rebensaft, der an den über 200 Ständen angeboten wird, ausschließlich in der Umgebung der Stadt gereift und dort gekeltert worden ist. Dicht gedrängt sitzen die Menschen in einem der ›Schubkärchler‹ – kleinen Weinzelten mit hölzernen Tischen und Bänken. Die Sperrstunde haben die Stadtväter an diesen neun Tagen aufgehoben.
Ursprünglich, das war im 15. Jahrhundert, versorgte der Wurstmarkt die Michelsberg-Pilger – seit etwa zehn Jahren gibt es dort übrigens auch wieder eine Kapelle. Daraus entwickelte sich ein reges Treiben mit Krämer-, Vieh- und Pferdemarkt, so groß, dass es schließlich ganz auf die Wiesen verlegt wurde. Heute steht die Unterhaltung der Massen im Vordergrund, vom Vergnügungspark übers Riesenrad bis zum Feuerwerk auf dem Michelsberg. Manch lärmgeplagter Dürkheimer verlegt seinen Urlaub genau in diese Zeit.

Villa Rustica mit Komfort

Bei Wachenheim wurde das Fundament eines römischen Gutshofs, einer Villa Rustica, aus dem 2. Jahrhundert entdeckt und teilweise rekonstruiert: stattliche 2140 Qua-

△ *Rundgang empfohlen: Noch gut erhalten ist in Freinsheim die mittelalterliche Stadtbefestigung mit dem Haintor* ▽

Dirmstein, der Sommersitz der Wormser Bischöfe, ist vor allem barock ▽

Treppenaufstieg zum Haintor in Freinsheim ▽

△ Das Bischöfliche Wasserschloss in Dirmstein

Wurde Weinstraßen-Symbol: Bockenheims Traubenmadonna in St. Lambert ▽

dratmeter überbaute Fläche, die sich auf zwei Geschosse verteilt. Für die massiven Wände schaffte man neben dem hellen Sandstein vom nahen Haardt auch die tiefroten Sandsteine aus dem Pfälzerwald heran. Im ursprünglichen Fundament fand man neben Basaltsteinen aus der Gegend um Forst auch Kalk aus dem Herxheimer Raum. Die einst etwa 11000 Dachziegel kamen vermutlich aus den Ziegeleien in Rheinzabern.
Trotz des milden Klimas kann es an der Weinstraße im Winter empfindlich kalt werden. In der Regel benutzten die Römer Öfen aus Metall oder offene Holzkohlebecken als Wärmequellen. In einem Raum aber konnte man eine luxuriöse Fußbodenheizung rekonstruieren, die nach einer Vorheizzeit von etwa eineinhalb Tagen mit relativ wenig Brennmaterial eine gleichbleibende Temperatur von 23 Grad hielt. Beheizt wurde von einer außerhalb liegenden Feuerstelle: Über ein System aus gemauerten Ziegelplatten zog der heiße Rauch durch einen doppelten Fußboden und über spezielle, unter der Wand verlegte Abzüge ins Freie.

Im Angebot: Feigen

Andere Hinterlassenschaft der Römer ist der Feigenbaum. ›Mir ist keine Gegend Deutschlands bekannt, in welcher konzentriert so viele Feigen wachsen‹, meint Paul Oberholz von der Baumschule Freinsheim. Jährlich verkauft er fast 2000 Feigenbäume, davon ein Viertel an Kunden in der Pfalz. Getrocknete Feigen aus Pfälzer Produktion wird es zwar so schnell nicht geben. Dazu sind die Erntemengen immer noch zu gering. Aber kulinarisch ist die Frucht längst entdeckt. Konditoren wie Christoph Vogel vom Café ›Sixt‹ in Neustadt haben Feigenkonfitüre, Feigenpralinen, sogar Feigentorte im Angebot. Winzer verkaufen Feigen aus ihrem Garten, eingelegt in Wein, als besondere Spezialität. Obstgüter und Brennereien verarbeiten die Früchte zu Feigenlikör. Köche bereiten Sud aus Feigenessig, backen eine Tarte mit Kastanien und Feigen, zaubern Desserts mit Feigen oder bieten Ente mit glacierten Feigen an. Schon in alten Pfälzer Büchern findet man das Rezept für eine Quiche mit Schinken und Feigen.

40
Alzeyer Hügelland
Rheinhessische Schweiz
ALZEY
Flonheim
Bermersheim
Albig
Gau-Odernheim
Biebelnheim
Bechtolsheim
Dolgesheim
Eimsheim
Guntersblum
Biebesheim a.Rhein
Stockstadt a.Rhein
Framersheim
Dittelsheim
Frettenheim
Alsheim
Gimbsheim
Eich
Hamm
Bechtheim
Mettenheim
Osthofen
Westhofen
Monzernheim
Hangen-Weisheim
Gundersheim
Eppelsheim
Esselborn
Dintesheim
Flomborn
Ober-Flörsheim
Bermersheim
Gundheim
Wahlheim
Kettenheim
Freimersheim
Morschheim
Orbis
Kriegsfeld
Oberwiesen
Bischheim
Rittersheim
Ilbesheim
Stetten
Einselthum
Gauersheim
Albisheim
Zellertal
Harxheim
Niefernheim
Flörsheim-Dalsheim
Mölsheim
Monsheim
Hohen-Sülzen
Pfeddersheim
Pfiffligheim
Herrnsheim
Hochheim
Leiselheim
WORMS
Bürstadt
Biblis
Lampertheim
Bobstadt
Hofheim
Nordheim
Wattenheim
Bobenheim
Roxheim
KIRCHHEIM-BOLANDEN
Bolanden
Dannenfels
Jakobsweiler
Bennhausen
Weitersweiler
Dreisen
Göllheim
Standenbühl
Steinbach a.Donnersberg
Dr.-Münsterhof
Immesheim
Rüssingen
Ottersheim
Bubenheim
Wachenheim
Kindenheim
Biedesheim
Lautersheim
Kerzenheim
Quirnheim
Bockenheim a.d.Weinstr.
Obrigheim (Pfalz)
Mühlheim
Offstein
Heppenheim
Horchheim
Wiesoppenheim
Weinsheim
GRÜNSTADT
Dirmstein
Heuchelheim
Großniedesheim
Beindersheim
Eisenberg (Pfalz)
Ramsen
Hettenleidelheim
Tiefenthal
Neuleiningen
Kleinkarlbach
Battenberg
Kirchheim a.d.Weinstr.
Bissersheim
Dackenheim
Gerolsheim
Großkarlbach
Laumersheim
Obersülzen
Heßheim
FRANKENTHAL (Pfalz)
Lambsheim
Weisenheim a.Sand
FREINSHEIM
Herxheim a.Berg
Weisenheim a.Berg
Bobenheim a.Berg
Carlsberg
Altleiningen
Leistadt
Kallstadt
Erpolzheim
Birkenheide
Maxdorf
Eppstein
Oggersheim
Studernheim
Edigheim
Oppau
LUDWIGSHAFEN a.Rhein
MANNHEIM
Neckarau
Rheingönheim
Mundenheim
Ruchheim
Ungstein
Ellerstadt
Fußgönheim
Gönnheim
BAD DÜRKHEIM
Friedelsheim
Wachenheim a.d.Weinstr.
Forst a.d.Weinstr.
Deidesheim
Niederkirchen b.Deidesheim
Rödersheim-Gronau
Assenheim
Schauernheim
Dannstadt
Mutterstadt
Limburgerhof
Hochdorf-Assenheim
Meckenheim
Ruppertsberg
Königsbach
Böhl-Iggelheim
Haßloch
Neuhofen
Waldsee
Schifferstadt
Otterstadt
Altrip
SPEYER
Dudenhofen
Hanhofen
NEUSTADT a.d.Weinstr.
Hambach
Diedesfeld
Lachen
Speyerdorf
Duttweiler
Kirrweiler (Pfalz)
Geinsheim
Harthausen
Römerberg
Lingenfeld
Böbingen
Gommersheim
Venningen
Maikammer
EDENKOBEN
St. Martin
LAMBRECHT (Pfalz)
Lindenberg
Neidenfels
Frankeneck
Esthal
Elmstein
Weidenthal
Frankenstein
Diemersteiner Wald
Stumpfwald
Neuhemsbach
Alsenborn
Wattenheim
Kalmit
Weinstraße
Deutsche Weinstraße
Deutsche Alleenstr.
72
84

Wo gibt es was?

Fähnchennummer = Textnummer   ⓘ = Auskunft

Grünstadt ①

Verbandsgemeinde (13 000 Einw.) in der Unterhaardt, 1689–1793 Leininger Grafensitz, heute Einkaufszentrum der Region und Standort mittelständischer Industrie.
Sehenswert: Schloss (1689/19. Jh.) in der Obergasse und Leininger-Hof (1716) in der Neugasse. Ev. Pfarrkirche St. Martin (18./20. Jh.), Heiliggeist-Kirche (1739).
Museen: Heimatmuseum des Altertumsvereins (Neugasse 2; di 18–20, so 15 bis 18 Uhr), Dekanatsmuseum in der Martinskirche (n. V., Tel. 06359/2253).
Aktivitäten: Allwetterbad, Tennis, Angeln, Planwagenfahrten.
Veranstaltungen: Märzmarkt. Sommertagsumzug und Winterverbrennung (April). Straßentheater (Aug.). Bitzlerfest (Sept.). Weihnachtsmarkt. In *Bockenheim* (3 km nördl.) Mundarttage (Mai), Winzerfest mit Mundartwettstreit (Okt.).
Umgebung: In Bockenheim markiert das Haus der Deutschen Weinstraße (Gaststätte) den Anfang der Weinstraße; in St. Lambert (1936) ›Traubenmadonna‹ (15. Jh.). In *Dirmstein* (4 km östl.) Bischöfliche Wasserburg (14. Jh.); Adelshöfe, Wohnbauten, Simultankirche St. Laurentius (alle 18. Jh.).
ⓘ Tourist-Information, Turnstraße 7, 67269 Grünstadt, Tel. 06359/937320, Fax 06359/937325, www.gruenstadt.de

Alt- und Neuleiningen ②

Malerische Orte mitten im Leininger Land.
Sehenswert: Burg Neuleiningen (13. Jh.; Führungen n. V., Tel. 06359/943313) und Burgruine Altleiningen (Jugendherberge), dazwischen Burg Battenberg (13. Jh.).
Aktivitäten: Freibad im Burggraben Altleiningen; Radfahren und Wandern im Leininger Land (Kneippwanderweg).
Veranstaltungen: Stabaus mit Umzug in Neuleiningen (3 Wochen vor Ostern); Burgspiele Altleiningen (Tel. 06356/8800).
Umgebung: In *Hettenleidelheim* (5 km westl.) Heimatmuseum (di 18–19 Uhr).
ⓘ Tourist-Information, Weinstr. 91 b, 67278 Bockenheim, Tel. 06359/800180, Fax 06359/8001812, www.gruenstadt-land.de

Freinsheim ③

Das ›Rothenburg der Pfalz‹ ist eine der größten Weinbaugemeinden Deutschlands.
Sehenswert: Gut erhaltene Stadtmauer mit vielen Toren und Türmen. Das barocke Rathaus am Marktplatz (1750) zählt zu den schönsten Bürgerhäusern der Pfalz. Ev. Kirche (1470), erbaut als dreischiffige Halle. Kath. Kirche St. Peter (um 1780) mit barockem Hochaltar aus gelbem Sandstein. Von-Busch-Hof mit Zehntscheuer und Retzerhaus, zwei Herrensitze aus dem 18. Jh.
Museum: Handwerkermuseum (n. V., Tel. 06353/989294).
Aktivitäten: Viele markierte Wanderwege wie Blütenwanderung, Rund um den Musikantenbuckel oder Schwarzes Kreuz.
Veranstaltungen: Blütenfest (April). Altstadtfest (Juni). Stadtmauerfest (Juli). Freinsheimer Markt (Aug.). Federweißenfest (Okt.). Weihnachtsmarkt.
ⓘ Touristinfo, Historisches Rathaus, Postfach 105, 67251 Freinsheim, Tel. 06353/989294, Fax 06353/989904, www.stadt.freinsheim.de

Bad Dürkheim ④

Kurstadt (19 000 Einw.) mit Kurpark, Gradierwerk und Spielkasino (tgl. ab 14 Uhr).
Sehenswert: Riesen-Weinfass (1,7 Mio. Liter). Kath. Pfarrkirche St. Ludwig (1828) und Kurhaus (1822–26) im Stil des Klassizismus. Ev. Schlosskirche (1335 vollendet). Klosterruine Limburg (11. Jh.). Burgruine Hardenburg, eine der größten Burganlagen von Rheinland-Pfalz, ab 1206 erbaut und 1794 zerstört (tgl. 10–17 Uhr).
Museen: Pfalzmuseum für Naturkunde (Hermann-Schäfer-Str. 17; di–so 10–17, mi bis 20 Uhr). Heimatmuseum (Römerstr. 20; di–do 14–17 Uhr).
Aktivitäten: Kurzentrum u. a. mit Thermalbad (32°C) und türkischem Hamam; Vitalis-Wellnesszentrum u. a. mit Thermal-, Kräuter- und orientalischem Rasulbad; Salinarium – Freizeit- und Erlebnisbad u. a. mit Thermalbecken und Saunalandschaft. Tennis, Wandern, Radfahren.
Veranstaltungen: Pfälzer Wein- und Sektmesse (März). Pfingstmarkt. Dürkheimer Wurstmarkt, eines der größten Weinfeste der Welt (Sept.). Weihnachtsmarkt (Advent).
ⓘ Tourist-Information, Kurbrunnenstr. 14, 67098, Bad Dürkheim, Tel. 06322/9566250, Fax 06322/9566259, www.bad-duerkheim.de

Wachenheim ⑤

Staatlich anerkannter Erholungsort.
Sehenswert: Wachtenburg (11./12. Jh.) mit Schenke (Führungen n. V., Tel. 06322/958032). Wachenheimer Hof (1542). Alte Münze (Prägestelle 1436–71). Diebsturm, einst Gefängnis. Noble Adelshöfe. ›Fürstliche‹ Winzerbetriebe wie Weingut Bürklin-Wolf (Weinstr. 65) mit Konzerten im Festsaal und Sektkellerei Schloss Wachenheim.
Museen: Waagenmuseum (Waldstr. 34; so 10–18 Uhr). Winzermuseum (Burgstr. 10; mo–sa 14–19 Uhr). Freilichtmuseum Villa Rustica (2 km östl.; frei zugänglich).
Aktivitäten: Beheiztes Freibad, Tennis, Squash, Wild- und Freizeitpark, großes Wander- und Radfahrnetz.
Veranstaltungen: Georgimarkt (April). Burg- und Weinfest (Juni). Ballontreffen (Aug.); Wachtenburg-Fest (Aug.).
ⓘ Verkehrsamt, Weinstraße 16, 67157 Wachenheim, Tel. 06322/958032, www.wachenheim.de

Deidesheim ⑥

Staatlich anerkannter Luftkurort, geprägt vom Wein-, Obst- und Gemüseanbau.
Sehenswert: Rathaus (16. Jh.), einer der schönsten Bauten der Weinstraße. Spätgotische Pfarrkirche St. Ulrich (15. Jh.) mit Sandstein-Kruzifix (16. Jh.) und Beinhaus (15. Jh.) gegenüber. Julius-Spital (15. Jh.). Bischöfliches Schloss (Wiederaufbau 19. Jh.), heute Gutsschenke mit Parkanlagen.
Museen: Museum für Weinkultur im alten Rathaus (März–Dez. mi–mo 16–18 Uhr). Museum für Film- und Fototechnik (Weinstr. 33; März–Dez. mi–so 16–18.30 Uhr). Museum für moderne Keramik (Stadtmauergasse 17; n. V., Tel. 06326/ 1222).
Aktivitäten: Freibad, Tennis, Ballonfahrten, Wandern, Radfahren.
Veranstaltungen: Pfingstmarkt mit Geißbockversteigerung. Mineralienbörse (Mai); Weinkerwe (Aug.).
Umgebung: *Heidenlöcher* (3 km westl.), Reste einer frühmittelalterlichen Fliehburg. Kleines Brennereimuseum in *Meckenheim* (5 km östl.; Mai–Nov. tgl. 10–18).
ⓘ Tourist-Information, Bahnhofstr. 5, 67146 Deidesheim, Tel. 06326/96770, Fax 06326/967718, www.deidesheim.de

Neustadt/Weinstraße ⑦

Die Kreisstadt (55 000 Einw.) ist die größte Weinbaugemeinde in Deutschland.
Sehenswert: Historisches Zentrum um den Marktplatz mit Stiftskirche (14. Jh.), Rathaus, Ordenshaus der Weinbruderschaft, Scheffelhaus, Vizedomei. Casimiraneum, 1578 als calvinistisch-theologische Hochschule gegründet. Pfarrkirche St. Marien am Juliusplatz, 1862 fertig gestellt; im Langhaus 1974 neu gestaltete Fenster.
Museen: Eisenbahnmuseum am Bahnhof (sa und so 10–16 Uhr). In *Mußbach* (2 km nördl.) Weinbaumuseum (Herrenhof; n. V., Tel. 06321/963999).
Aktivitäten: Reiten, Radeln. Museumsbahn ins *Elmsteiner Tal* (westl.). Wanderwege zu *Wolfsburg* (2 km westl.) und *Hambacher Schloss* (5 km südw.).
Veranstaltungen: Mandelblütenfest (März). Weinfest in Haardt (Mai). Sektfest im Herrenhof (Juni). Deutsches Weinlesefest (Okt.).
Umgebung: Auf dem Hambacher Schloss Ausstellung zur Wiege der Deutschen Demokratie (März–Nov. tgl. 10–18 Uhr). Wolfsburg (12. Jh.) mit doppelter Ringmauer um Vorder- und Hauptburg (Burgschenke; n. V., Tel. 06321/2895). In *Haßloch* (9 km östl.) Heimatmuseum (März bis Dez. 1. und 3. So im Monat 14–17 Uhr) und auf 40 ha einer der größten deutschen Freizeitparks, der ›Holiday Park‹ mit vielen Attraktionen (ab 10, in den Ferien ab 9 Uhr).
ⓘ Tourist-Information, Hetzelplatz 1, 67433 Neustadt, Tel. 06321/926892, Fax 06321/926891, www.neustadt-weinstrasse.de

Maßstab 1:200.000 (0 2 4 6 8 10 km)

In der Fußgängerzone von Speyer reiht sich ein Straßencafé an das andere – stets mit Blick auf den Kaiserdom.

Am Rhein: Ludwigshafen, Speyer, Frankenthal

Vergangenheit, Gegenwart und Zukunft liegen in den drei Rheinstädten eng beieinander. Speyer entwickelte im Schatten des Kaiserdoms vorbildliche ökologische Projekte. Ludwigshafen mit Europas größtem Chemie-Konzern setzt auf moderne Verkehrsanbindung, um die Bewohner stärker an ihre Stadt zu fesseln. In Frankenthal hingegen, wo die Industrie ebenfalls eine wichtige Rolle spielt, steht die Kultur im Mittelpunkt.

△ Der Kaiserdom von Speyer steht auf der Welterbeliste der Unesco

△ Höhepunkte im Festkalender von Speyer sind die Kaisertafel … … und das Brezelfest ▽

△ Beim Brezelfest verläuft der Umzug durch die Innenstadt zwischen Altpörtel …

… und dem Dom, zu dem der Salier Konrad II. nach Rückkehr von seiner Kaiserkrönung in Rom 1027 den Grundstein gelegt hatte ▽

Speyer, die einstige ›deutsche Metropole‹, hat als Gegenpol zu ihrer über 2000-jährigen Geschichte eine Reihe zukunftsorientierter Projekte gestartet. Ziel der kommenden Jahre ist es, ökologisches Handeln auf allen Ebenen weiterzuentwickeln, um den städtischen Naturhaushalt in seiner ganzen Vielfalt zu erhalten und zu verbessern.

Aktuell: Stadtökologie

Die stadtökologischen Konzepte befassen sich zunächst mit dem, was die Natur vorgibt, mit Boden, Wasser, Luft und Klima, mit Flora und Fauna. Speyer liegt in einer Region unterschiedlichster Naturlandschaften, wie etwa den südlichen Auwäldern in der Flussniederung des Rheins oder dem Flugsanddünengebiet im Norden der Stadt. Entscheidender Faktor ist das Klima. Die Stadt ist im Sommer durch eine hohe Sonnenscheindauer stark wärmebegünstigt, während in den Wintermonaten – bedingt durch eine Inversionslage – überdurchschnittlich viele Schadstoffe aus den Ballungsräumen in der Luft den Bewohnern zu schaffen machen.

Das Umweltamt Speyer hat daher in Sachen ›Stadtökologie‹ mehrere Maßnahmen getroffen: Erhaltung der natürlichen Lebensräume, insbesondere in den Rheinauen und im Gebiet der Flugsanddünen, sowie Schaffung von Klimaentlastungsräumen im Stadtgebiet. Aufgrund eines Stadtklimagutachtens wurden im Bebauungsplan grüne Schneisen offen gelassen, durch die saubere Luft aus den Rheinauen und den umgebenden Wäldern bis in die Innenstadt strömen kann. Hinzu kommt die Einrichtung großflächiger Parkanlagen und öffentlicher Grüflächen zur wohnnahen Erholung und als Lebensraum für stadtbewohnende Pflanzen und Tiere.

Energie-Tisch Speyer

Auch bei einem weiteren Ökologieprojekt macht Speyer von sich reden: Als eine der ersten Modellstädte in Deutschland wurde der Energie-Tisch eingeführt. Im Abstand von vier bis acht Wochen trafen sich Architekten, Ingenieure, engagierte Bürgerinnen und Bürger

△ Glaube und Ritus: der Jakobspilger vor der Dreifaltigkeitskirche ... ... und das Judenbad in Speyer ▽

△ Wege zur modernen Kunst in Speyers Skulpturenpark

△ Im Historischen Museum: Goldener Hut, datiert auf 1200 v. Chr.

△ Speyers einst wichtigstes Stadttor, das Altpörtel

Belle-Epoque-Theater mit ganzjährigem Showprogramm, der Varieté-Palast ▽

sowie Vertreter aus Kreditinstituten, ortsansässigen Unternehmen, der Stadtverwaltung, den Stadtwerken, verschiedenen Umweltschutzgruppen und der Beschäftigungsinitiative Speyer mit dem Ziel, innovative und kooperative Projekte für Klimaschutzmaßnahmen zu erarbeiten. Die Ergebnisse können sich sehen lassen: Bei den Pfalz-Flugzeugwerken konnte durch entsprechende Wärmedämmung in mehreren Hallen der jährliche CO^2-Ausstoß um 2000 Tonnen verringert werden. Auch bei der Thor Chemie ergab eine Prozessänderung die Einsparung von 13 200 Liter Heizöl im Jahr, was etwa 43 Tonnen CO^2 entspricht, die weniger an die Umwelt abgegeben werden.

Aber auch im Kleinen, bei ortsansässigen Geschäften, konnte man durch Beleuchtungsberatung pro Jahr den Ausstoß von CO^2 um 1,3 Tonnen reduzieren. Der Speyerer Energie-Tisch setzt damit Maßstäbe für die nachfolgenden Energie-Tische, die künftig in allen größeren deutschen Städten abgehalten werden sollen.

Jakobspilger zum Geburtstag

Nicht minder stolz sind die Speyerer auf die Vergangenheit: Mit kraftvoll ausholendem Schritt begegnet der Fremde den Passanten auf der Maximilianstraße zwischen Kaiserdom und Altpörtel. Barfuß, in einen knielangen Mantel gehüllt, den Wanderstab in der Hand, kommt er aus einer anderen Zeit. Sein Blick ist auf den Weg gerichtet, das Gesicht spiegelt zugleich Verklärung und Konzentration. Sein Ziel ist Santiago de Compostela – das verrät die Jakobsmuschel an dem großen Hut. Der Fremde ist also ein Jakobspilger auf der Reise zu der Grabstätte des Apostels.

Der Bildhauer Martin Mayer hat eindrucksvoll die physische und psychische Anstrengung des Unternehmens in Szene gesetzt, das im Mittelalter ganze Scharen von Gläubigen bewegte. Obwohl Speyer nur an einer Nebenroute nach Compostela lag, war die Domstadt Etappenziel zahlreicher Jakobspilger. Der Speyerer Bischof schenkte daher die monumentale Gewandfigur der Stadt im Jahr 1990 zu ihrem 2000. Geburtstag.

△ Blick in das Technikmuseum Speyer: Hier wurden früher Flugzeuge gefertigt

Kunst am Bau vor dem Technologiezentrum in Ludwigshafen ▽

Unübersehbar: Ludwigshafens Werke der Chemischen Industrie ▽

△ Zentrum aller regionalen Veranstaltungen ist Ludwigshafens 1965 von dem Wiener Roland Rainer erbaute Friedrich-Ebert-Halle

△ Kunst am Bau in Ludwigshafen: Spiegelinstallation bei der Fachhochschule für Wirtschaft – Miró-Wand am Wilhelm-Hack-Museum ▽

Kunst im öffentlichen Raum

Die moderne Plastik des Pilgers bildet einen markanten Kontrast zu den alten Gemäuern in der Speyerer Innenstadt. Unter dem Namen ›Kunst im öffentlichen Raum‹ wurden über 20 moderne Skulpturen von einheimischen Künstlerinnen und Künstlern in der Innenstadt aufgestellt, vor allem im Skulpturengarten. Städtern und Stadtbesuchern sollen damit künstlerische Aktivitäten näher gebracht werden – auch um sich mit ihnen auseinander zu setzen.

Eine weitere Kunstaktivität ist in Speyer gerade im Entstehen: Als ›Kulturprojekt Flachsgasse‹ wird hinter dem historischen Rathaus eine städtische Galerie gebaut, die auf 800 Quadratmetern Fläche Wechselausstellungen aus dem Kunstbesitz der Stadt zeigen wird.

Chemiemetropole am Rhein

Eigentlich ist es dem Zufall zu verdanken, dass sich Europas größtes Chemieunternehmen in Ludwigshafen angesiedelt hat. Die Badische Anilin- und Sodafabrik wollte ursprünglich ins benachbarte Mannheim, doch als es dort mit der Wahl des geeigneten Firmenstandorts nicht klappte, zog man kurzerhand nach Ludwigshafen. Das war 1865, und die BASF zählte anfangs 30 Mitarbeiter. Heute besteht das Großunternehmen aus 350 Einzelfabriken und ist Arbeitgeber für über 50 000 Menschen.

Im Lauf der Jahre zog es noch weitere Chemieunternehmen nach Ludwigshafen: Raschig, Benckiser, Knoll, Giulini, Woellner, um nur einige zu nennen. Ganz nebenbei wurde die Stadt am Rhein zum zweitgrößten Binnenhafen Deutschlands, der Anker im Stadtwappen erinnert daran. Jährlich werden in dem modernen Containerhafen über neun Millionen Tonnen Fracht umgeschlagen.

Anschluss 2000

Obwohl die örtlichen Chemieunternehmen in den vergangenen 30 Jahren zahlreiche Maßnahmen zur Verringerung des Schadstoffausstoßes durchgeführt haben, wird Ludwigshafen das Image der stinkenden und lärmenden Chemiestadt nicht los. Um wenigstens an-

△ *Strohhutfest in Frankenthal: Während vor der Dreifaltigkeitskirche die einen noch erwartungsvoll am Rand stehen, sind die anderen schon am Feiern* ▽

△ *Barock: Speyerer Tor in Frankenthal*

△ Spätklassizistisch: Rathaus in Ludwigshafen-Oggersheim

Jogger im Maudacher Bruch ▽

satzweise den Glauben der Bürger an ihre Stadt zu stärken, initiierte der Oberbürgermeister Dr. Wolfgang Schulte das Projekt Anschluss 2000. Es soll neben der städtebaulichen Aufwertung der südlichen Innenstadt vor allem den öffentlichen Nahverkehr stärken. Eine zentrale Funktion kommt dem Berliner Platz zu, der vollkommen neu gestaltet wurde. Über 20 000 Menschen nutzen hier bereits Straßenbahn und Busse. Künftig sollen auch Umsteigemöglichkeiten zur S-Bahn geschaffen werden, um im Halbstunden-Rhythmus nach Neustadt und Speyer sowie über Mannheim und Heidelberg bis nach Bruchsal und Eberbach zu gelangen.

Man hat einen herrlichen Blick auf den Fluss und das gegenüberliegende Mannheim: von der ›Walzmühle‹, 1885 verkehrsgünstig zwischen Rhein und Eisenbahn in Betrieb genommen. Die Zeiten als eine der größten Getreidemühlen Europas sind allerdings Vergangenheit. Heute spielen statt Getreide- Geldsäckel die Hauptrolle: Ein Einkaufscenter, ein Multiplexkino und Büros sind hinter der denkmalgeschützten Fassade eingezogen. In dem ehemaligen Direktorengebäude herrscht dagegen ein anderer Geist. Zu Ehren des 1885 in Ludwigshafen geborenen Philosophen wurde dort das Ernst-Bloch-Zentrum eröffnet. ›Prinzip Hoffung‹, ›Aufrechter Gang‹ und ›Konkrete Utopie‹ sind hier das Thema, und ›Nichts ist menschlicher, als zu überschreiten, was ist‹.

Frankenthal setzt auf Kultur

Auch Frankenthal gilt als Industriestadt, mit dem Unterschied, dass hier anstelle von Chemiefirmen hauptsächlich mittelständisches Gewerbe angesiedelt ist. Gewissermaßen als ›Lohn‹ all der Mühen gönnte man sich Anfang der 1990er-Jahre eine exquisite Stadthalle, für die der Münchner Architekt von Branca die Pläne lieferte. Der dezent rot geklinkerte große Saal wird seither nicht nur von Veranstaltern aus der Stadt, sondern auch aus dem Umland gern genutzt. Veranstaltung mit Tradition ist bereits das Strohhutfest, bei dem die Innenstadt jedes Jahr im Juni vier Tage lang zum feucht-fröhlichen Festbankett wird.

GRÜNSTADT
EISENBERG (Pfalz)
Neuleiningen
FRANKENTHAL (Pfalz)
MANNHEIM
FREINSHEIM
LUDWIGSHAFEN a.Rhein
Maxdorf
BAD DÜRKHEIM
WACHENHEIM a.d.Weinstr.
Forst a.d.Weinstr.
DEIDESHEIM
Mutterstadt
Limburgerhof
Neuhofen
Altrip
Waldsee
SCHIFFERSTADT
Böhl-Iggelheim
HASSLOCH
LAMBRECHT (Pfalz)
NEUSTADT a.d.Weinstr.
Otterstadt
SPEYER
Dudenhofen
Hanhofen
Harthausen
Elmstein
Frankenstein
Weidenthal
Esthal
Frankeneck
Lindenberg
Maikammer
St. Martin
Edenkoben
Gommersheim
Geinsheim
Kirrweiler (Pfalz)
Ramsen
Carlsberg
Altleiningen
Wattenheim
Hettenleidelheim
Ellerstadt
Fußgönheim
Dannstadt-Schauernheim
Rödersheim-Gronau
Niederkirchen
Meckenheim
Hochdorf-Assenheim
Speyerdorf
Lachen
Diedesfeld
Hambach
Alsterweiler
Eußerthal
Rinnthal
Wernersberg
Völkersweiler
Gossersweiler-Stein
Silz
Münchweiler a.Kl.
Birkenhördt
Böllenborn
Dörrenbach
Oberotterbach
Rechtenbach
Schweigen
WISSEMBOURG
WAGHÄUSEL
PHILIPPSBURG
Neudorf
Graben
Hochstetten
Rhein
Speyer
Dom
Domgtn.
Maximilianstr.
Technik-Museum
Diakonissen-Krankenhaus mit Fachschulen
Rheinbrücke
Schillerweg
Industriestr.
Landauer Str.
Wormser Str.
Bahnhofstr.
Gilgenstr.
Hafenstr.
City-Shuttle
Rheinstadion

Wo gibt es was?

Nadel-/Fähnchennummer = Textnummer ⓘ = Auskunft

Speyer ①–⑯

Die über 2000 Jahre alte Stadt (50 000 Einw.) am Rhein ist geprägt durch Bauten der deutschen Kaiser.

Sehenswert: Der **Kaiserdom** ① ist eines der größten und bedeutendsten romanischen Bauwerke in Deutschland (Unesco-Welterbestätte). Unter Kaiser Konrad II. um 1030 begonnen und 1061 geweiht, wurde im Auftrag Bayernkönig Ludwigs I. 1846 bis 1853 das Innere durch spätnazarenische Maler ausgemalt und 1854–58 das Westwerk in neuromanischem Stil wieder errichtet. Anlässlich der Restaurierungsmaßnahmen in den 1950er-Jahren Bemalung des 19. Jh. größtenteils abgenommen und die beeindruckende Architektur wieder freigelegt (mo–fr 9–19, sa 9–18, so 13.30–18 Uhr, Nov–April 9–17 Uhr; Führungen nach Anmeldung im Domkapitel Speyer, Tel. 06232/102298).

Um 1090 siedelte Bischof Rüdiger Huzmann in der Nähe des Doms Juden an. Original erhalten blieb das **Judenbad** ② (1126; April–Okt. mo–so 10–17 Uhr). Ein stattlicher Barockbau (1712–14) mit vorzüglicher Innenausstattung ist das **Rathaus** ③ mit dem Ratskeller. Am Platz der Münze an der Maximilianstraße entstand 1748 das **Alte Kaufhaus** ④, bis ins 19. Jh. Umschlagplatz für den Rheinhandel. Die lutherische **Dreifaltigkeitskirche** ⑤ ist ein barockes Gesamtkunstwerk (1701–17 von Johann Peter Graber; Besichtigung im Rahmen der Stadtführung); ihr gotischer **Läutturm** gehörte einst zur Georgenkirche (1312 erwähnt). Einfacher Saalbau ist die ev. **Heiliggeistkirche** ⑥ (1700–02), heute Seminarkirche **St. Ludwig** ⑦ die benachbarte ehem. Klosterkirche der Dominikaner (Weihe 1308); sie birgt zwei schöne Werke der Gotik: den Boßweiler Altar (1485) und ein gewirktes Antependium (um 1500). Bedeutendster Rest der Stadtbefestigung ist der **Altpörtel** ⑧ am Westende der Maximilianstraße: Der 55 m hohe Stadttorturm steht auf Fundamenten des 11. Jh.; der untere Teil datiert ins 13. Jh., das obere Geschoss mit umlaufender Galerie und hohem Walmdach in die Jahre 1512–14. Bei der Dacherneuerung 1708 kam die Laterne mit Zwiebelhaube hinzu (April–Okt. mo–fr 10–12 u. 14–16, sa und so 10–17 Uhr). Die **Gedächtniskirche** ⑨, erbaut von 1893 bis 1904, erinnert an die Protestation der evangelischen Reichsstände auf dem Speyerer Reichstag von 1529; ihr 100 m hoher Turm überragt alle Gebäude der Stadt, selbst den Dom (mo–sa 10–12 und 14–17, so 14–17 Uhr).

Kunststätten/Museen: Das **Geburtshaus** ⑩ des Malers Hans M. **Purrmann** (1880–1966) ist jetzt Museum und Gedenkstätte; 66 Werke zeigen einen Querschnitt seines Schaffens von den Speyerer Anfängen bis zum Spätwerk im Montagnoler Atelier (Kleine Greifengasse 14; di–fr 16–18, sa und so 11–13 Uhr). Der Maler **Anselm Feuerbach** ⑪ wurde 1829 als Sohn des renommierten Archäologen gleichen Namens in dem unscheinbaren Haus Allerheiligenstr. 9 geboren, heute Gedenkstätte mit Studienbibliothek und Archiv (mo–fr 16–18, so 11–13 Uhr). Eingebunden in den **Skulpturengarten** (1985) ist das **Künstlerhaus** ⑫ (Große Sämergasse), wo jedes Jahr fünfmonatige Arbeitsstipendien auswärtiger Künstler stattfinden, die ihre Werke auch ausstellen. Das **Historische Museum der Pfalz** ⑬ birgt eine reiche kulturhistorische Sammlung mit Exponaten von der Steinzeit bis zur Gegenwart, darunter die Domschatzkammer mit den Grabkronen der salischen Kaiser und in römischen Glasflaschen (2.–4. Jh.) die nachweislich ältesten Rebenweine der Welt (Große Pfaffengasse 7; di–so 10–18 Uhr). In einer ehem. Flugzeugfertigungshalle (1913) zeigt das **Technik Museum** ⑭ Flugzeuge, Lokomotiven, Oldtimer, Feuerwehrfahrzeuge, Dampfmaschinen; im angegliederten Marinemuseum sind zahlreiche historische Schiffsmodelle und ein Unterseeboot zu sehen, im Wilhelmsbau erklingen mechanische Musikinstrumente (Geibstr. 2; tgl. 9–18 Uhr).

Kultur: Varieté-Palast ⑮ (Untere Langgasse 6); **Kinder- und Jugendtheater** ⑯ (Kleine Pfaffengasse 8; KinoCenter-Theaterhaus (Brunckstr. 13, nördl. außerhalb der Karte).

Aktivitäten: Frei- und Hallenbad, Stadtführungen zu Fuß und per Rad (Tourist-Information), Rheinschiffahrt (Anleger).

Veranstaltungen: Frühjahrsmesse (April). Brezelfest (Juli). Siedlerfest, Kaisertafel (Aug.). Altstadtfest, Bauernmarkt (Sept.). Herbstmesse (Okt./Nov.). Weihnachtsmarkt (Advent).

ⓘ Tourist-Information, Maximilianstr. 11, 67346 Speyer, Tel. 06232/142392, Fax 06232/142332, www.speyer.de

Ludwigshafen ⑰

Die junge Industriestadt (170 000 Einw.) am Rhein lebt von mehreren Chemiekonzernen, die mit ihren Zulieferfirmen fast 100 000 Arbeitsplätze geschaffen haben.

Museen: Das Wilhelm-Hack-Museum hat seinen Schwerpunkt in der Klassischen Moderne; außerdem sind zeitgenössische Kunst, römisches und fränkisches Kunsthandwerk (Gondorfer Fund) sowie Kunst des Mittelalters ausgestellt. Die Südfassade gestaltete der spanische Künstler Joan Miró mit einem Gemälde aus fast 9000 Kacheln (Berliner Str. 23; di 12–18, mi–so 10–18, fr 10–20 Uhr). Im Stadtmuseum im Rathaus-Center 150 Jahre Stadtgeschichte (di–so 10–17.30, do 14 bis 20 Uhr). Im Schillerhaus in *Oggersheim* (3 km nordw.) Erinnerungen an den Dichter, der 1782 dort im Gasthof ›Zum Viehhof‹ den ›Fiesco‹ geschrieben hat (di 17 bis 20, mi–fr 14–17, sa und so 10–12 Uhr). Im Museum Karl-Otto-Braun im Rathaus von *Oppau* (3 km nördl.) Frühgeschichte und bäuerliche Kultur der Pfalz, Ortsgeschichte der Stadtteile Edigheim und Oppau (Edigheimer Str. 26; so 10–13 und 14 bis 17 Uhr).

Galerien: In der Galerie Hartmann-Straße im Kulturzentrum im Hemshof Ausstellungen. In der Scharpf-Galerie (Hemshofstr. 54) Wechselausstellungen junger Künstler der Region Pfalz.

Kultur: Zentrum des Theaterlebens ist der Pfalzbau mit Oper, Operette, Musical, Komödie, Schauspiel, Ballett, Tanztheater, Jugendtheater und Sinfoniekonzerten (Berliner Str. 30, Tel. 0621/5042553). Im KulturDepot (Karl-Krämer Str. 2) Jazz, Kabarett und Kindertheater; in den Hallen Tanztheater, Performance, Flohmärkte. In der Friedrich-Ebert-Halle im Ebertpark Rockkonzerte, Shows, Fernsehproduktionen und Sportevents. Im Theater Hemshofschachtel Komödien (Leuschnerstr. 9, Tel. 0621/510149). Im Prinzregenten-Theater, leichte Muse, Kinder- und Jugendtheater (Prinzregentenstr. 45, Tel. 0621/525240). Stadtführungen zu Fuß oder per Taxi (Tourist-Information).

Aktivitäten: Diskos; Hallenbäder, Hallenklettern, Bowling, Tennis, Eisstadion; Erholungsgebiet Maudacher Bruch.

Veranstaltungen: Frühjahrsmesse (April). Parkfest und Stadtfest (Juni). Spätjahresmesse (Okt.). Oktoberfest.

ⓘ Tourist-Information, Bahnhofstr. 119, 67059 Ludwigshafen, Tel. 0621/512035, Fax 0621/624295, www.ludwigshafen.de

Frankenthal ⑱

Industriestadt (48 000 Einw.) am Rhein. Über die Hälfte der etwa 15 000 Beschäftigten arbeitet im produzierenden Gewerbe, vorrangig im Stahl- und Maschinenbau.

Sehenswert: Stadtore Wormser Tor (1770) und Speyerer Tor (1772), barocke Dreifaltigkeitskirche (1709–33), klassizistische Zwölfapostelkirche (1820–23).

Museen: Das Erkenbert-Museum zeigt Exponate aus dem 16./17. Jh., als die Stadt eine produktive Künstlerkolonie hatte (Rathausplatz; di–so 14–18 Uhr). Im Obergeschoss des Rathauses ist die Sammlung Frankenthaler Porzellan zu sehen (offen zu Dienststunden).

Kunstausstellungen: Kunstverein ›Die Treidler‹ (Mörscher Str. 1, Tel. 23232), Galerie Riedel (Wingerstr. 6, Tel. 9475), Stadtsparkasse (Bahnhofstr. 7–9, Tel. 8770).

Aktivitäten: Strandbad, Hallenbad, Wandern und Radfahren in den Rheinauen.

Veranstaltungen: Strohhutfest (Juni). Kulturtage (Juni). Strandbadfest (Juni). Oktobermarkt.

ⓘ Stadtverwaltung, Rathausplatz, 67227 Frankenthal, Tel. 06233/89395, Fax 06233/89400, www.frankenthal.de

Maßstab 1:200.000

Maßstab 1:14.000

Touristik-Informationen

Adressen

Überregional: Fremdenverkehrs- und Heilbäderverband Rheinland-Pfalz, Löhrstraße 103-105, 56068 Koblenz, Tel. 0261/915200, Fax 0261/9152040, www.rlp-info.de
Regional: Pfalz-Touristik, Landauer Straße 66, 67434 Neustadt/Weinstraße, Tel. 06321/39160, Fax 06321/391619. Deutsche Weinstraße, Chemnitzer Straße 3, 67433 Neustadt/Weinstraße, Tel. 06321/912333, Fax 06321/912330, www.deutsche-weinstrasse.de; Südliche Weinstraße, Zentrale für Tourismus, An der Kreuzmühle 2, 76829 Landau, Tel. 06341/940417, Fax 06341/940502, www.suedliche-weinstrasse.de; Tourist-Information Südwestpfalz, Unterer Sommerwaldweg 40–42, 66953 Pirmasens, Tel. 06331/809126, Fax 06331/809202, www.suedwestpfalz.de; Tourist-Information Donnersbergkreis, Neue Allee 2, 67292 Kirchheimbolanden, Tel. 06352/1712, Fax 06352/71062. Tourist-Information Kuseler Musikantenland, Trierer Str. 41, 66869 Kusel, Tel. 06381/424270, Fax 06381/424280, www.kuseler-musikantenland.de; Tourist-Information Dahner Felsenland, Schulstr. 29, 66994 Dahn, Tel. 06391/5811, Fax 06391/406199, www.dahner-felsenland.de; Tourist-Information Wallhalbtal-Sickinger Höhe, Hauptstraße 26, 66917 Wallhalben, Tel. 06375/9210, Fax 06375/6150, www.wallhalben.de; Biosphärenreservat Naturpark Pfälzerwald, Franz-Hartmann-Straße 9, 67466 Lambrecht/Pfalz, Tel. 06325/95520, Fax 06325/955219.

Bahnanreise

Direkte Zugverbindungen gibt es nach Kaiserslautern und Neustadt/Weinstraße aus Richtung Süden (Stuttgart, München), Osten (Mannheim, Frankfurt/M., Leipzig, Dresden) und Westen (Saarbrücken, Trier). Über den Knotenpunkt Mannheim besteht Anschluss an das ICE-Netz. Fahrplanauskunft der DB: Tel. 01805/996633.

In den Kellern des Weingutes Bürklin-Wolf in Wachenheim an der Weinstraße reifen renommierte Weine.

Viele der Pfälzer Burgen werden auch dem leiblichen Wohl gerecht – hier auf dem Hof der Burg Landeck bei Klingenmünster.

Bauernhof-Ferien

Ein vielseitiges Angebot gibt es vor allem im Kuseler Musikantenland und im Donnersbergkreis. Infos bei den Tourist-Informationen Donnersbergkreis und Kuseler Musikantenland (s. Adressen).

Besucherbergwerke

Folgende Bergwerke zeigen dem Besucher das harte Leben der Bergleute unter Tage, wie es vor über 100 Jahren war: das ehemalige Silber- und Kupferbergwerk ›Weiße Grube‹ bei Imsbach, die Eisenerzgrube Nothweiler und das Kalkbergwerk am Königsberg bei Wolfstein.

Burgen und Schlösser

Zahlreich sind die **Burgen und Ruinen:** im Pfälzerwald etwa das Burgenmassiv Altdahn-Grafendahn-Tanstein, Burg Berwartstein, Landeck und Nanstein sowie die Ruinen Wegelnburg, Gräfenstein, Moschellandsburg, Falkenstein, Frankenstein und Diemerstein, im Kuseler Musikantenland Burg Lichtenberg, in der Nähe der Südlichen Weinstraße Burg Trifels. An der Deutschen Weinstraße sticht die Wachtenburg hervor.
Bedeutende **Schlossbauten** sind: Schloss Hambach, Villa Ludwigshöhe, der Sommersitz König Ludwigs I. von Bayern in Edenkoben, Bad Bergzaberns Schloss und die Sommerresidenz des Hauses Nassau-Weilburg in Kirchheimbolanden.

Camping

Campingplätze u. a. am Ohmbachsee, am Königsberg, bei Trippstadt, Dahn, am Clausensee, Annweiler, St. Martin, Billigheim-Ingenheim, Bad Dürkheim, Carlsberg-Hertlingshausen, Dörrenbach, St. Martin, Vorderweidenthal und Wachenheim.

Erlebnisbäder

Trifelserlebnisbad in Annweiler; Staatsbad in Bad Dürkheim; Felsland Badeparadies Dahn; Badepark Haßloch; Waschmühle in Kaiserslautern; Bade- und Freizeitpark Kusel; Erlebnisbad La Ola in Landau; Luft- und Badepark Plub in Pirmasens; Erlebnisbad Azur in Ramstein; Erlebnisbad Moby Dick in Rülzheim; Badeparadies Zweibrücken.

Essen und Trinken

An erster Stelle beim **Essen** stehen herzhafte Gerichte nach Hausmacherart, besonders der Pfälzer Saumagen. Aber auch Metzelsupp oder Kesselfleisch, Blut- und Leberwurst haben vor allem an Schlachtfesttagen, dann als Schlachtplatte serviert, Hochkonjunktur. Dazu kommt das unvermeidliche Sauerkraut, das überall auch mit den hausgemachten Bratwürsten serviert wird. Ebenfalls einen Versuch wert sind die ›Flääsch-Knepp‹ (Fleischklöße) oder ›Lewwer-Knepp‹ (Leberknödel), zumeist mit Kartoffeln gereicht. Nicht ganz so deftig sind Dampf-Knepp (Dampfnudeln), die man gerne mit Weinsoße übergießt. Vielerorts gibt es hervorragende Wildgerichte. Als Nachspeise oft einen hausgemachten ›Kerscheblotzer‹ (Kirschkuchen). Besonders im Süden der Pfalz ist die Küche stark von der Nachbarschaft Frankreichs beeinflusst.
Bei den **Getränken** stehen eindeutig die Produkte der Weinrebe im Vordergrund: Neuer Wein (Federweißer), Winzersekt, Brandwein und natürlich der vor Ort gekelterte Wein, vor allem aus der Rieslingtraube.

Feste und Märkte

Beinahe jeder kleinere Ort begeht die traditionelle Kerwe (Kirchweihe). Beliebt sind die autofreien Sonntage, bei denen ganze Regionen wie die Deutsche Weinstraße, das Appelbachtal oder Alsenztal für den Autoverkehr gesperrt sind.
Weitere Höhepunkte sind: **Mai:** Maimarkt in Kaiserslautern. **Juni:** Blütenfest in Rhodt (Pfingsten), Pfingstmarkt in Deidesheim, Burg- und Weinfest in Wachenheim; Strohhutfest in Frankenthal; Schlabbeflickerfest in Pirmasens; Hutmacherfest in Kusel; Burgfest mit mittelalterlichem Markt auf der Burgruine Falkenstein. **Juli:** Brezelfest in Speyer. **Aug.:** Erlebnistag an der Deutschen Weinstraße (letzter Aug.-So); Kaisertafel in Speyer. **Sept.:** Wurstmarkt in Bad Dürkheim. **Okt.:** Winzerfestumzug in Neustadt; Sickinger Grumbeere-Markt in Wallhalben (alle 2 Jahre).

weiter auf Seite 112

Ausgewählte Hotels und Restaurants

HOTELS

Erholsam und ruhig gelegen

Pfalzblick
Goethestr. 1, 66994 Dahn
Tel. 06391/4040, Fax 06391/404540
76 Zimmer, 1 Suite, EZ 67–92 €, DZ 107–148 €, Hallenbad, Sauna, Solarium, Beautyfarm, Radverleih
Bastenhaus
Haus Nr. 1, 67814 Dannenfels/Bastenhaus
Tel. 06357/975900, Fax 06357/97590300
37 Zimmer, EZ 40–51 €, DZ 65–81 €
Solarium, Sauna, Whirlpool, Fitnessraum, Fahrradverleih, Golfplatz (18 Loch)
Turmhotel Landidyll
Auf dem Potzberg 3, 66887 Föckelberg
Tel. 06385/720, Fax 06385/72156
44 Zimmer, 1 Appartement, 2 Suiten, EZ 47–50 €, DZ 71–76 €
Südpfalz-Terrassen
Winzergasse 42, 76889 Gleiszellen-Gleishorbach
Tel. 06343/70000, Fax 06343/5952
56 Zimmer, 5 Appartements, EZ 49–69 €, DZ 77–118 €
Hallenbad, Sauna, Solarium, Fahrradverleih
Sägmühle Garni
Sägmühlweg 140, 67454 Haßloch
Tel. 06324/92910, Fax 06324/929160
27 Zimmer, EZ 43–64 €, DZ 69–95 €
Blechhammer
Am Hammerweiher 1, 67659 Kaiserslautern
Tel. 0631/37250, Fax 0631/3725100
30 Zimmer, EZ 59–66 €, DZ 83–96 €
Waldhaus Wilhelm
Kalmithöhenstr. 6, 67487 Maikammer
Tel. 06321/58044, Fax 06321/58564
22 Zimmer, EZ 36–49 €, DZ 72–87 €
Zeiskamer Mühle
Hauptstr. 87, 67378 Zeiskam
Tel. 06347/97400, Fax 06347/974066
17 Zimmer, EZ 46 €, DZ 66 €

Hier wird Sport groß geschrieben

Kurparkhotel
Schloßplatz 1, 67098 Bad Dürkheim
Tel. 06322/7970, Fax 06322/797158
113 Zimmer, EZ 110–118 €, DZ 140–155 €
Hallenbad, Whirlpool, Sauna, Solarium, Beautyfarm, Bowling- und Kegelbahn, Fahrradverleih, Reitmöglichkeit
Kupper
Himbaumstr. 22, 66957 Eppenbrunn
Tel. 06335/9130, Fax 06335/913113
24 Zimmer, EZ 36–38 €, DZ 62–66 €
Hallenbad, Sauna, Solarium, 4 Kegelbahnen, Fahrradverleih
Pfalzhotel Asselheim Landidyll
Holzweg 6, 67269 Grünstadt/Asselheim
Tel. 06359/80030, Fax 06359/800399
40 Zimmer, 3 Appartements, EZ ab 75 €, DZ 95–105 €
Hallenbad, Sauna, 2 Kegelbahnen, Fahrradverleih
Tenner
Mandelring 216, 67433 Neustadt an der Weinstraße/Haardt, Tel. 06321/9660, Fax 06321/966100
32 Zimmer, EZ 64–77 €, DZ 92–98 €
Hallenbad, Sauna, Solarium, Fahrradverleih, Reitmöglichkeit

Wohnen auf hohem Niveau

Deidesheimer Hof
Am Marktplatz, 67146 Deidesheim
Tel. 06326/96870, Fax 06326/7685
25 Zimmer, 3 Suiten, EZ 88–153 €, DZ 123–194 €, Suiten 199–253 €
Zur Krone
Hauptstr. 62, 76863 Herxheim bei Landau/Hayna
Tel. 07276/5080, Fax 07276/50814
52 Zimmer, 4 Suiten, EZ 77–115 €, DZ 102–146 €,
Hallenbad, Whirlpool, Sauna, Solarium, Kegelbahnen
Dorint Hotel
St.-Quentin-Ring 1, 67663 Kaiserslautern
Tel. 0631/20150, Fax 0631/14908
149 Zimmer, 3 Appartements, 1 Suite
EZ 95–135 €, DZ 120–173 €
Frei- und Hallenbad, Beautyfarm, Sauna, Solarium, Fahrradverleih
Ramada
Pasadena Allee 4, 67059 Ludwigshafen am Rhein
Tel. 0621/59510, Fax 0621/511913
189 Zimmer, 3 Suiten, EZ 90–155 €, DZ 90–155 €, Suiten ab 250 €
Hallenbad, Sauna, Solarium
Lindner Hotel & Therme Binshof
Binshofstr. 1, 67346 Speyer-Binshof
Tel. 06232/6470, Fax 06232/647199
63 Zimmer, 4 Suiten, EZ 130–150 €, DZ 205–240 €, Bade- und Saunalandschaft Binshof Therme (4500 qm), Sauna, Solarium, Fitnessraum, Beautyfarm, 4 Tennisplätze, Fahrradverleih, Reitmöglichkeit

Preiswert und empfehlenswert

Gutshof Ziegelhütte
Luitpoldstr. 79, 67480 Edenkoben
Tel. 06323/94980, Fax 06323/9498199
30 Zimmer, 6 Suiten, EZ ab 41 €, DZ ab 51 €
Braustübl
Hauptstr. 78, 76756 Bellheim
Tel. 07272/74011, Fax 07272/74013
7 Zimmer, EZ 41 €, DZ 61 €
Schläfer
Hauptstr. 3, 67677 Enkenbach-Alsenborn
Tel. 06303/3071, Fax 06303/4485
16 Zimmer, EZ ab 43 €, DZ ab 66 €
Braun
Uhlandstr. 1, 67292 Kirchheimbolanden
Tel. 06352/40060, Fax 06352/400696
40 Zimmer, 1 Suite, EZ 45–51 €, DZ 72 €
Sauna, Kegelbahn, Fahrradverleih, Reitmöglichkeit, Golfplatz (18 Loch)
Ebnet
Neustadter Str. 53, 67112 Mutterstadt
Tel. 06234/94600, Fax 06234/946060
22 Zimmer, EZ 41–51 €, DZ ab 72 €
Pfälzer Hof
Hauptstr. 108, 66976 Rodalben
Tel. 06331/17123, Fax 06331/16389
8 Zimmer, EZ 38 €, DZ 61 €
Fahrradverleih
Sonnenhof
Mühlweg 2, 76833 Siebeldingen
Tel. 06345/3311, Fax 06345/5316
13 Zimmer, EZ 52–57 €, DZ 72 €
Speeter
Leisthardter Str. 11, 67273 Weisenheim am Berg
Tel. 06353/93660, Fax 06353/936660
27 Zimmer, 1 Suite, EZ 52 €, DZ 78 €

RESTAURANTS

Speisen auf hohem Niveau

Grand Cru im Gasthaus Zur Krone
Weinstr. 31, 67146 Deidesheim
Tel. 06326/96600, Fax 06326/966017
Ruhetag: di und mi
Hauptgericht 19–29 €
Menü 43–86 €
Schwarzer Hahn im Deidesheimer Hof
Am Marktplatz, 67146 Deidesheim,
Tel. 06326/96870, Fax 06326/7685
nur abends, so und mo geschl.
Hauptgericht 25–33 €
Menü ca. 56–101 €
Kronen-Restaurant im Hotel Zur Krone
Hauptstr. 62, 76863 Herxheim bei Landau/Hayna
Tel. 07276/5080, Fax 07276/50814
nur abends, mo und di geschl.
Hauptgericht ca. 28 €
Luther
Hauptstr. 29, 67251 Freinsheim
Tel. 06353/93480, Fax 06353/934845
Hauptgericht 23–33 €
Menü ca. 74 €
Restaurant im Landhotel Borst
Luitpoldstr. 4, 66506 Maßweiler
Tel. 06334/1431, Fax 06334/1431
Ruhetag: mo und di
Hauptgericht ca. 20 €,
Menü 20–59 €

Hier stimmt alles

Weinstube St. Urban im Deidesheimer Hof
Am Marktplatz, 67146 Deidesheim
Tel. 06326/96870, Fax 06326/7685
Hauptgericht ca. 16 €
Restaurant im Hotel Sägmühle
Sägmühlweg 140, 67454 Haßloch
Tel. 06324/1366, Fax 06324/980443
mo und di mittags geschl.
Hauptgericht 9–19 €
Pfälzer Stube im Hotel Zur Krone
Hauptstr. 62, 76863 Herxheim bei Landau/Hayna
Tel. 07276/5080, Fax 07276/50814
Hauptgericht ca. 17 €
Hotel-Restaurant Alte Pfarrey
Untergasse 54, 67271 Neuleiningen
Tel. 06359/86066, Fax 06359/86060
mo geschl., Hauptgericht ca. 24 €,
Menü ca. 25–70 €
Zum Grünen Kranz
Hauptstr. 210, 66976 Rodalben
Tel. 06331/23170, Fax 06331/231730
do geschl., Hauptgericht ca. 14 €
Restaurant Schläfer
Hauptstr. 3, 67677 Enkenbach-Alsenborn
Tel. 06303/3071, Fax 06303/4485
Hauptgericht 15–20 €
Restaurant im Hotel Sonnenhof
Mühlweg 2, 76833 Siebeldingen
Tel. 06345/3311, Fax 06345/5316
do geschl., Hauptgericht 14–20 €

Regionale und preiswerte Speisen

Germersheimer Hof
Josef-Probst-Str. 15a, 76726 Germersheim
Tel. 07274/5050, Fax 07274/505111
mo und di geschl., Hauptgericht 8–13 €
Restaurant im Hotel Felsentor
Bahnhofstr. 88, 76846 Hauenstein
Tel. 06392/4050, Fax 06392/405145
mo geschl., Hauptgericht ca. 10 €
Landhaus Woll
Dansenberger Str. 64, 67661 Kaiserslautern-Dansenberg, Tel. 0631/51602, Fax 0631/91061
di geschl., Hauptgericht ab 6 €
Kallstadter Hof
Weinstr. 102, 67169 Kallstadt
Tel. 06322/8949, Fax 06322/66040
mi geschl., Hauptgericht ca. 10 €
Zum Wein-Zinken
Klosterstr. 9, 55232 Alzey
Tel. 06731/8871, Fax 06731/549961
Hauptgericht ca. 12 €
Restaurant im Hotel Zum Kronprinzen
Josef-Meyer-Str. 1, 76835 Weyher
Tel. 06323/7063, Fax 06323/7065
di geschl., Hauptgericht ab 7 €

Cafés

Café Schmerker
Wilhelm-Leuschner-Str. 9, 67547 Worms
Tel. 06241/23814, Fax 06241/56516
8–18.30 Uhr, Spezialität: Wormser Nibelungenschatz
Café Hindenburg
Maximilianstr. 91, 63746 Speyer
Tel. 06232/75681

Von Varta-Experten geprüft; weitere Adressen im Varta-Führer (im Buchhandel erhältlich)

Touristik-Informationen

Freilicht- und Festspiele

Überregional ist das Programm des Kultursommers Rheinland-Pfalz. Beliebt in der Pfalz sind beispielsweise die Dahner Sommerfestspiele auf Burg Altdahn, die Burgfestspiele Nanstein, die Freilichtspiele von Schloss Edesheim und Kloster Heilsbruck, ›Palatia Jazz‹ an der Südlichen Weinstraße, Bad Bergzaberns Kurkonzerte, Germersheims Open-Air-Kultursommer Fronte Beckers.

Jugendherbergen

Beliebt sind die Jugendherbergen u. a. auf Burg Lichtenberg, in Wolfstein, Annweiler, Bad Bergzabern, Burg Altleiningen, Dahn, Merzalben, Neustadt, Speyer, Steinbach am Donnersberg sowie in Worms.

Lehrpfade

Gut ausgeschilderte thematische Lehrpfade vermitteln Hintergründe über Kultur und Tradition der jeweiligen Region: Bienenlehrpfad bei Altenglan, Wald- und Vogellehrpfade bei Schönenberg-Kübelberg, Waldlehrpfad auf dem Galgenberg, Felsenwanderweg Südwestpfalz, Geologischer Lehrpfad im Bundenthal, Wasserschaupfad im Odenbachtal, zahlreiche Wein- und Naturlehrpfade an der Weinstraße.

Luftkurorte

Anerkannte Luftkurorte sind Bad Bergzabern, Bad Dürkheim, Dahn, Edenkoben, Eppenbrunn, Hauenstein, Trippstadt und St. Martin.

Museen

Viele Orte haben Heimatmuseen, Schlösser und Burgen oft ein historisches Museum (beispielsweise Hambacher Schloss, Burg Trifels, Burgruine Altdahn).
Die wichtigsten **themenbezogenen Museen**: Weinbaumuseum in Neustadt-Mußbach, Schaustellermuseum in Lambrecht, Museum für Weinkultur und Museum für Film- und Fototechnik in Deidesheim, Brennereimuseum in Meckenheim, Pfalzmuseum für Naturkunde in Bad Dürkheim, Waagenmuseum in Wachenheim, Haus der Deutschen Weinstraße in Bockenheim, Eisenbahnmuseum in Neustadt, Museum unterm Trifels in Annweiler, Bürstenbindermuseum in Ramberg, Museum für Weinbau in Edenkoben, Ofenmuseum in Burrweiler, Zinnfigurenmuseum in Bad Bergzabern, Straßenmuseum in Germersheim, Theodor-Zink-Museum in Kaiserslautern, Musikantenlandmuseum und Geoskopisches Museum auf Burg Lichtenberg, Bergmannsbauernmuseum in Breitenbach, Schuhmuseum in Pirmasens, die ›Schuhfabrik‹ in Hauenstein, Fossilienmuseum in Zweibrücken, Erkenbert-Museum in Frankenthal, Historisches Museum der Pfalz und Technikmuseum in Speyer.
Die wichtigsten **Kunstsammlungen**: Pfalzgalerie in Kaiserslautern, Max-Slevogt-Sammlung auf Schloss Villa Ludwigshöhe, Wilhelm-Hack-Museum in Ludwigshafen, Purrmann-Geburtshaus in Speyer.

Pfälzer Erlebnistag der besonderen Art ist der autofreie Sonntag, wenn Bundesstraßen, hier die B 48 bei Alsenz, zum Radweg werden.

Skulpturenweg

Unter dem Motto ›Kunst und Natur im Wechselspiel‹ ist der Skulpturenweg Rheinland-Pfalz entstanden, der weiter ausgebaut wird. Eine Broschüre nennt Routen und gibt Infos (erhältlich bei den Fremdenverkehrsämtern, s. Adressen), die Topografische Wanderkarte 1:25 000 nennt Standorte.

Souvenirs

Am besten kauft man die Souvenirs auf traditionellen Märkten ein, beispielsweise Sickinger Grumbeere-Markt in Wallhalben, deutsch-französischer Kunsthandwerksmarkt in Hauenstein, Herzdriggermarkt in Altenglan, Owwergässer Winzerkerwe in Edenkoben, oder auf den örtlichen Wochenmärkten. Pfälzer Wein bekommt man in allen Weinorten direkt vom Hof. Schuhe um Pirmasens zum Teil direkt ab Fabrik.

Sport

Angeln: Walzweiher bei Kaiserslautern, Matzenberg und Ohmbachsee im Kuseler Musikantenland, Hauenstein (Paddelweiher, Wieslauter u. a.), Dahn, Eppenbrunn, Sägmühlweiher bei Trippstadt, Weiher der Forellenzucht Karlstal und Rodalben im Pfälzerwald, Waldfischbach-Burgalben (hier sogar Fliegenfischen), Schlossweiher bei Kirrweiler, Edenkoben, Bad Bergzabern an der Weinstraße sowie Germersheim.
Drachenfliegen: Geeignete Startrampen am Rand des Pfälzerwalds bei Bad Bergzabern und Annweiler (Hohenberg), am Donnersberg, bei Pfeffelbach nahe Kusel.
Fliegen: Rundflüge in Zweibrücken, Rieschweiler-Mühlbach, Söller, Pottschütthöhe, Schweighofen, Landau-Ebenberg, Tandemflug in Hauenstein.
Golf: Röderhof im Donnersbergkreis, Erster Golfplatz Westpfalz im Schwarzbachtal, Rieschweiler-Mühlbach Südwestpfalz, Golfanlage Landgut Dreihof bei Landau, Kleingolfanlage Annweiler, Neustadt-Geinsheim Deutsche Weinstraße.
Klettern: Im Dahner Felsenland bei Annweiler; Kletterfelsen in Dahn, Rumbach und Hauenstein; Indoor-Klettern in Hauenstein und Speyer.
Radfahren: Die ganze Pfalz eignet sich hervorragend zum Radfahren, bekannteste Strecke ist die Deutsche Weinstraße.
Reiten: Die Aktion ›Die Pfalz zu Pferd‹ hat ein Reitwanderwegenetz mit entsprechenden Unterkünften quer über das Land geschaffen. Daneben Reitgelegenheiten auf zahlreichen Gestüten und Höfen.
Wandern: Die gesamte Pfalz ist zum Wandern wie geschaffen. Auf den gut markierten Routen des Westpfälzer-, Wasgau-, Pirminius-, Barbarossa-, Burgen-, Musikantenland-, Donnersberg-, Saarpfalz-, Pfalzgrafen- sowie Kelten- und Wein-Wanderwegs auch ›Wandern ohne Gepäck‹. Die meisten Orte haben auch in der näheren Umgebung herrliche Rundwanderwege.
Wassersport: Segeln, Surfen, Bootfahren am Ohmbachsee bei Schönenberg-Kübelberg, Bootverleih u. a. auch am Clausensee, bei Dahn, Hauenstein (Paddelweiher), Bad Bergzabern (Schwanenweiher), in den Rheinstädten, Kanuwandern in Zweibrücken.
Wintersport: Ski, Rodel, Langlauf in Hofstätten und Waldfischbach, Ski im Sauermilchtälchen bei Edenkoben; Natureisbahn bei St. Martin; in Ludwigshafen und Zweibrücken Eissportstadion.

Wetterdaten

Neustadt an der Weinstraße	Tages-temp. max.	Nacht-temp. min.	Tage mit Nieder-schlag	Sonnen-stunden pro Tag
Januar	4°	−1°	10	2
Februar	6°	−1°	9	3
März	11°	2°	8	4
April	15°	5°	8	5
Mai	20°	9°	10	7
Juni	23°	12°	10	7
Juli	25°	14°	9	7
August	24°	13°	8	7
September	21°	10°	8	6
Oktober	15°	6°	8	4
November	8°	3°	9	2
Dezember	5°	0°	10	2

Durchschnittswerte Quelle: Deutscher Wetterdienst, Hamburg

Register

(**Fettgedruckte** Ziffern verweisen auf Autoatlas und Cityplan, unterstrichene Ziffern auf Abbildungen)

Alsenz-Obermoschel 32, 33, 33, **40**, 41
Alsterweiler 85 (Maikammer)
Alt- und Neuleiningen **96**, 97
Altenglan 46, 47, **50**, 51
Altenkirchen 51 (Schönenberg-Kübelberg)
Annweiler/Trifels 17, 79, 81, **84**, 85
Bad Bergzabern 18, 76, 83, **84**, 85
Bad Gleisweiler 83, 85 (Landau)
Bad Dürkheim 13, 15, 19, 59, 92, 93, 93, **96**, 97
Bad Münster am Stein 33, 41 (Alsenz-Obermoschel)
Bann 57, 61 (Landstuhl)
Bedesbach 45, 51 (Altenglan)
Bockenheim 18, 19, 95, 97 (Grünstadt)
Bornheim 17, 91
Breitenbach 51 (Schönenberg-Kübelberg)
Bundenthal 73 (Dahn)
Burgen/Burgruinen
- Altdahn-Grafendahn-Tanstein 8/9, 9, 66, 67, 69, 73 (Dahn)
- Altwolfstein 51 (Wolfstein)
- Berwartstein 9, 66, 73 (Dahn)
- Diemerstein 41 (Edenkoben-A.)
- Falkenstein 34, 35, 41 (Rockenhausen)
- Frankenstein 30/31, 39, 41 (Enkenbach-Alsenborn)
- Gräfenstein 19, 67, 73 (Rodalben)
- Landeck 76
- Lichtenberg 48, 49, 51 (Kusel)
- Michelsburg 46, 51 (Altenglan)
- Montfort 41 (Alsenz-Obermoschel)
- Moschellandsburg 41 (Alsenz-Obermoschel)
- Nanstein 55, 61 (Landstuhl)
- Neuwolfstein 51 (Wolfstein)
- Rietburg 85 (Edenkoben)
- Trifels 9, 79, 81, 81, 85 (Annweiler)
- Wachtenburg 97 (Wachenheim)
- Wegelnburg 1, 73 (Dahn)
- Wolfsburg 97 (Neustadt)

Burrweiler 85 (Landau)
Clausen 73 (Rodalben)
Clausensee 67, 69
Contwig 59, 61 (Zweibrücken)
Dahn 8/9, 68, **72**, 73
Dahner Felsenland 62/63, 66, 67, 69, 73 (Hauenstein; Dahn)
Dannenfels 33, 41 (Kirchheimbolanden)
Deidesheim 18, 90, **96**, 97
Dirmstein 94, 95, 97 (Grünstadt)
Dittweiler 51 (Schönenberg-Kübelberg)
Donnersberg 18, 19, 33, 34, 35, 35, 37, 39, 41 (Kirchheimbolanden)
Dörrenbach 85 (Bad Bergzabern)
Edenkoben 77, 80, 81, 83, **84**, 85
Edesheim 80, 81, 85 (Edenkoben)
Elmsteiner Tal 91, 97 (Neustadt)
Enkenbach-Alsenborn **40**, 41
Eppenbrunn 68, **72**, 73
Erlenbach 66, 73 (Dahn)
Eschbach 85 (Leinsweiler)
Essingen 17, 85 (Landau)
Eußerthal 85 (Annweiler)
Fischbach 68, 73 (Dahn)
Frankenthal 106, 107, **108**, 109
Freinsheim 94, 95, **96**, 97
Geiselberg 73 (Waldfischbach-B.)
Gelterswoog 29 (Kaiserslautern)
Germersheim 17, 19, 79, 79, **84**, 85
Gimsbach 44, 51 (Glan-Münchweiler)
Glan-Münchweiler **50**, 51
Großbundenbach 61 (Zweibrücken)
Grumbach 51 (Lauterecken)
Grünstadt **96**, 97
Hambach 19, 90, 97 (Neustadt)
Hauenstein 65, 67, 73 (Pirmasens)
Haschbach 46, 51 (Altenglan)
Haßloch 92, 97 (Neustadt)
Heidenlöcher 97 (Bad Dürkheim)
Heltersberg 73 (Waldfischbach-B.)
Hermersberg 73 (Waldfischbach-B.)
Hermersbergerhof 73 (Hauenstein)
Herschberg 18, 59, 61 (Wallhalben)
Herschweiler-Pettersheim 51 (Glan-Münchweiler)
Herxheim 17, 85 (Landau), 95
Hettenleidelheim 97 (Alt-/Neuleiningen)
Hinterweidental 66, 73 (Hauenstein)
Hochspeyer 30/31, 41 (Enkenbach-Alsenborn), 59
Höheinöd 73 (Waldfischbach-B.)
Horbach 73 (Waldfischbach-B.)
Hornbach 51 (Glan-Münchweiler), **60**, 61
Imsbach 35, 41 (Rockenhausen)
Jockgrim 85 (Germersheim)
Johanniskreuz 18, 73 (Trippstadt)
Kaiserslautern 6/7, 7, 15, 19, 20–27, 23, 25, 27, **28**, 29, 59
- Am Vogelwoog, Gasthaus **28**, 29
- Apostelkirche **28**, 29
- Bierkrugmuseum **28**, 29
- Casimirschloss **28**, 29
- Fillmore, Szenetreff **28**, 29
- Freibad Waschmühle **28**, 29
- Fritz-Walter-Stadion 6/7, 7, 26, 27, **28**, 29
- Fruchthalle 24, 25, **28**, 29
- Galerie Wack **28**, 29
- Institut für pfälzische Geschichte und Volkskunde **28**, 29
- Kaiserberg 27, **28**, 29
- Kaiserbrunnen 25, **28**, 29
- Kaiserpfalz 15, 23, **28**, 29
- Kulturzentrum Kammgarn **28**, 29
- Messeplatz 27, 29
- Musikkeller ›Abwärts‹ **28**, 29
- Pfalzbibliothek **28**, 29
- Pfalzgalerie 26, **28**, 29
- Pfalztheater 20/21, 24, 25, **28**, 29
- Rathaus **28**, 29
- St. Maria **28**, 29
- St. Martin **28**, 29
- St.-Martins-Platz 22, 23, 23, 29
- St. Theresia **28**, 29
- Schöner Brunnen 20, 29
- Stiftskirche 20, 23, **28**, 29
- Südwestfunk **28**, 29
- Theodor-Zink-Museum 23, **28**, 29
- Universität 26, 27
- Zum Spinnrädl, Gasthaus 21, 21, **28**, 29

Karlstal 69, 71, 71, 73 (Trippstadt)
Kirchberg 61 (Landstuhl)
Kirchheimbolanden 36, **40**, 41
Kirrweiler 74/75, 83, 85 (Maikammer)
Kleinbundenbach 61 (Zweibrücken)
Klingenmünster 85 (Bad Bergzabern)
Kreimbach-Kaulbach 51 (Wolfstein)
Kusel 44, 45, **50**, 51
Labach 61 (Wallhalben)
Landau 15, 18, 77, 78, 79, 79, **84**, 85
Landstuhl 55, 55, **60**, 61
Lauterecken 44, 45, 47, **50**, 51
Leinsweiler 12/13, 77, 80, 81, **84**, 85
Lemberg 73 (Pirmasens)
Ludwigshafen 18, 19, 19, 105, 105, 107, **108**, 109
Ludwigshöhe, Schloss 80, 81, 85 (Edenkoben)
Maikammer 18, 82, 83, **84**, 85
Martinshöhe 56/57, 61 (Landstuhl)
Meckenheim 97 (Deidesheim)
Meisenheim 32, 41 (Alsenz-O.)
Merzalben 19, 67, 73 (Rodalben)
Mußbach 97 (Neustadt)
Neustadt/Weinstraße 5, 86/87, 89, 91, 91, 95, **96**, 97
Niedersimten 73 (Pirmasens)
Nothweiler 1, 73 (Dahn)
Oberalben 51 (Kusel)
Odenbach 51 (Lauterecken)
Odenbachtal 61 (Wallhalben)
Offenbach-Hundheim 45, 51 (Lauterecken)
Oggersheim 107, 109 (Ludwigshafen)
Ohmbachsee 48, 49, 49, 51 (Schönenberg-Kübelberg)
Otterberg 38, 39, 39, **40**, 41
Pirmasens 19, 19, 64, 65, 65, 67, **72**, 73
Potzberg 42/43, 47, 51 (Altenglan)
Queidersbach 61 (Landstuhl)
Ramberg 85 (Annweiler)
Rammelsbach 51 (Altenglan)
Ramstein-Miesbach 25, 54, 55, **60**, 61
Remigiusberg 51 (Altenglan)
Reipoltskirchen 51 (Lauterecken)
Rheinzabern 85 (Germersheim)
Rhodt 83, 85 (Edenkoben)
Rockenhausen 36, 37, 37, **40**, 41
Rodalben 17, 67, **72**, 73
Rülzheim 85 (Germersheim)
St. Julian 51 (Lauterecken)
St. Martin 82, 83, 85 (Maikammer)
Schmalenberg 73 (Trippstadt)
Schmitshausen 61 (Wallhalben)
Schönenberg-Kübelberg **50**, 51
Schweigen-Rechtenbach 18, 77, 91, 85 (Bad Bergzabern)
Schweinstal 69, 73 (Trippstadt)
Schweisweiler 41 (Rockenhausen)
Siegelbach 29 (Kaiserslautern)
Speyer 13, 14/15, 15, 16/17, 17, 18, 19, 98–104, 101, 103, 105, **108**, 109
Steinalben 73 (Waldfischbach-B.)
Steinfeld 85 (Bad Bergzabern)
Stelzenberg 17, 73 (Trippstadt)
Teufelstisch 66, 73 (Hauenstein)
Thaleischweiler-Fröschen 55, 61 (Wallhalben)
Trippstadt 18, 17, 69, 70, 71, 71, **72**, 73
Ulmet 44, 51 (Altenglan)
Wachenheim 15, 93, **96**, 97, 110
Waldfischbach-Burgalben 59, 67, 69, **72**, 73
Waldmohr 51 (Schönenberg-Kübelberg)
Wallhalben 55, 56, 57, **60**, 61
Wilgartswiesen 73 (Hauenstein)
Wolfstein **50**, 51
Wörth 85 (Germersheim)
Zweibrücken 3, 10/11, 18, 52/53, 58, 59, 59, **60**, 61

Zeichenerklärung Karten

Autoatlas

- Autobahn mit Anschlussstelle (10 Haßloch)
- Autobahn in Bau - geplant
- Tankstelle, - mit Kleinraststätte - Parkplatz - Rasthaus, - mit Motel ("Waldmoor")
- Vier- o. mehrspurige Straße - in Bau - geplant
- Bundesstraße - in Bau - geplant
- Wichtige Hauptstraße - in Bau - geplant
- Hauptstraße - in Bau - geplant
- Nebenstraße - in Bau
- Sonstige Straßen, nur bedingt befahrbar
- Fahrweg - Fußweg
- Autobahn-, Bundesstr.-, Europastraßennummer (6, 48, E 50)
- Bedarfsumleitung für den Autobahnverkehr (24)
- Entfernungen an Autobahnen in km (37)
- Entfernungen an übrigen Straßen in km (22, 11)
- Eisenbahn mit Bahnhof und Haltepunkt
- Eisenbahn (nur Güterverkehr)
- Zahnrad- oder Standseilbahn
- Seilschwebebahn - Materialbahn
- Sessel- oder Skilift
- Autofähre - Flugplatz - Segelflugplatz
- Besonders sehenswerter Ort (WORMS)
- Sehenswerter Ort (SPEYER)
- Sonstige Sehenswürdigkeit (St. Johannes, Holiday Park)
- Wo-gibt-es-was ? - Hinweis
- Landschaftlich schöne Strecke
- Touristenstraße (Dt. Weinstraße)
- Naturpark - Naturschutzgebiet - Aussichtspunkt (NSG)
- Burg, Schloss - Kloster - Ruinen
- Sehenswerte Kirche - Kirche - Kapelle
- Forsthaus - Markanter Nadel-, Laubbaum
- Aussichtsturm - Wasserturm - Funk- o. Fernseht.
- Windmühle - Wassermühle - Höhle
- Denkmal - Soldatenfriedhof - Dt. Soldatenfriedh.
- Einzeln stehendes Hotel oder Gasthaus - Motel
- Schutzhütte - Jugendherb. - Naturfreundeh.
- Campingplatz ganzjährig, - nur im Sommer
- Strandbad - Schwimmbad - Heilbad
- Stadion - Sportplatz - Parkplatz
- Wald - Sperrgebiet
- Staatsgrenze mit Grenzübergang
- Kreisgrenze

Cityplan

- Autobahn
- Mehrbahnige Autostraße - Hauptstraße
- Sonstige Straßen
- Eisenbahn mit Bahnhof - Omnibuslinie mit Haltestelle
- Parkplatz - Kirche - Denkmal - Turm
- Polizei - Post - Krankenhaus - Sportplatz
- Wald - Friedhof
- Bebauung - öffentliches Gebäude
- Industriegebiet
- Wo-gibt-es-was ? - Hinweis (5)

Impressum

1. Auflage 2000, 2. aktualisierte Auflage 2002
Verlag: HB Verlag, Marco-Polo-Zentrum, 73760 Ostfildern, Postfach 3151, 73751 Ostfildern, Telefon 0711/4502-0, Telefax 0711/4502-135, www.hb-verlag.de, hb@mairs.de
Geschäftsführer: Dr. Thomas Brinkmann, Dr. Stephanie Mair-Huydts © HB Verlag, 2000 und 2002, für den gesamten Inhalt, soweit nicht anders angegeben
Chefredaktion und Programmleitung: Rainer Eisenschmid, Birgit Borowski
Text und Bildrecherche: Michael Reimer, München **Exklusiv-Fotografie:** Jürgen Wackenhut, Bad Herrenalb **Redaktion:** Horst Keppler
Zusätzliches Fotomaterial: Holiday Park Hassloch (S. 92 Mitte links und unten links)
Layout: Rolf Bünermann, Gütersloh **Kartografie:** © Mairs Geographischer Verlag, Ostfildern
HB-Bildatlas-Fotoservice: HB Verlag, Marco-Polo-Zentrum, Tel. 0711/4502-266, Telefax 0711/4502-1006, nebel@mairs.de

Anzeigenalleinverkauf: KV Kommunalverlag GmbH & Co. KG, Postfach 810565, 81905 München, Telefon 089/928096-34 und -42, Telefax 089/928096-38
Vertrieb Zeitschriftenhandel: Partner Pressevertrieb GmbH, Postfach 810420, 70521 Stuttgart, Telefon 0711/7252-227, Telefax 0711/7252-310
Vertrieb Abonnement: Zenit Pressevertrieb GmbH, Postfach 810640, 70523 Stuttgart, Telefon 0711/7252-265, Telefax 0711/7252-333, hbverlag@zenit-presse.de
Vertrieb Buchhandel und Einzelhefte: Mairs Geographischer Verlag, Marco-Polo-Zentrum, 73760 Ostfildern, Telefon 0711/4502-0, Telefax 0711/4502-340
Reproduktionen: Otterbach Digital World KG GmbH & Co., Rastatt **Druck und buchbinderische Verarbeitung:** Echter Würzburg. Printed in Germany

ISBN 3-616-06116-4

Lieferbare Ausgaben

HB Bildatlas

Deutschland

227 Allgäu
198 Altmühltal
204 Bayerischer Wald
235 Berlin
235 Berlin (englische Ausgabe)
185 Bodensee
111 Brandenburg
178 Chiemgau · Berchtesgadener Land
145 Dresden · Sächs. Schweiz
121 Eifel · Aachen
133 Elbe und Weser
163 Erfurt · Weimar · Nördliches Thüringen
171 Erzgebirge · Vogtland · Chemnitz
190 Fichtelgebirge · Frankenwald · Coburger Land
242 Frankfurt · Taunus · Rheingau
125 Fränkische Schweiz
131 Hamburg
131 Hamburg (engl. Ausgabe)
73 Hannover · Braunschweiger Land
129 Harz
188 Hessisches Bergland
234 Hunsrück · Naheland · Rheinhessen
233 Leipzig · Halle · Magdeburg
209 Lüneburger Heide
137 Mainfranken
179 Mecklenburgische Seen
240 Mecklenburg-Vorpommern
151 Mittelfranken
135 Mosel
165 München
119 Münsterland · Münster
153 Nördlicher Schwarzwald
159 Nordseeküste Schleswig-Holstein
196 Oberbayern zwischen Lech und Inn
143 Odenwald · Kraichgau · Bergstraße
219 Osnabrücker Land · Emsland · Oldenburger Münsterland
155 Ostbayern zwischen Donau und Inn
211 Ostfriesland · Oldenburger Land
168 Ostseeküste Mecklenburg-Vorpommern
157 Ostseeküste Schleswig-Holstein
215 Pfalz
194 Potsdam · Havelland
149 Rhein und Ruhr
243 Rhein zwischen Köln und Mainz
127 Rhön
208 Rügen · Usedom · Hiddensee
161 Saarland
78 Sachsen
114 Sachsen-Anhalt
200 Schwäbische Alb
147 Spessart
214 Spreewald · Lausitz · Märkisch-Oderland
247 Südlicher Schwarzwald
224 Sylt · Amrum · Föhr
182 Tauber und Neckar · Stuttgart · Heilbronn · Rothenburg
173 Teutoburger Wald · Ostwestfalen
94 Thüringen
141 Thüringer Wald
202 Trier
237 Weserbergland

Benelux

187 Flandern · Brüssel
146 Holland: Inseln · Küste · Amsterdam
62 Luxemburg
246 Amsterdam

Frankreich

160 Atlantikküste
122 Bretagne
217 Burgund
225 Côte d'Azur · Monaco
222 Elsass
221 Korsika
132 Normandie
229 Paris
192 Provence
184 Südfrankreich · Languedoc-Roussillon

Griechenland

193 Athen · Peloponnes
140 Griechische Inseln: Kykladen
189 Korfu · Ionische Inseln
228 Kreta
104 Rhodos · Dodekanes
166 Zypern

Grossbritannien · Irland

158 Irland
197 Kanalinseln
175 London
231 Nordengland
144 Schottland
241 Südengland
216 Wales

Italien · Malta · Kroatien

195 Adriaküste · Emilia-Romagna
239 Gardasee · Trentino
156 Golf von Neapel · Kampanien
74 Italienische Riviera · Genua
238 Kroatische Adriaküste
128 Malta
210 Mittelitalien: Marken · Umbrien · Abruzzen
142 Oberitalienische Seen · Lombardei · Mailand
230 Piemont · Aostatal
226 Rom
136 Sardinien
232 Sizilien
201 Süditalien: Apulien · Basilikata
207 Südtirol
167 Toskana · Florenz
181 Venedig · Venetien · Friaul · Triest

Mittel- und Osteuropa

164 Böhmen
138 Budapest
148 Danzig · Ostsee · Masuren
248 Prag
152 St. Petersburg
244 Südpolen

Österreich

162 Burgenland
170 Kärnten
199 Niederösterreich · Wachau
218 Oberösterreich
220 Salzburger Land · Salzkammergut · Salzburg
66 Steiermark · Graz
174 Tirol
47 Vorarlberg
206 Wien

Schweiz

154 Basel · Bern · Aargau · Solothurn
172 Tessin
191 Westschweiz
72 Zentral- und Ostschweiz

Spanien · Portugal

236 Algarve · Lissabon
223 Andalusien
150 Costa Blanca
109 Costa Brava · Katalonien
176 Gran Canaria · Fuerteventura · Lanzarote
213 Ibiza · Formentera · Menorca
245 Lanzarote
134 Madrid
212 Mallorca
203 Nordportugal
205 Nordspanien
177 Teneriffa · La Palma · Gomera · Hierro

Skandinavien

183 Bornholm
186 Jütland
180 Nordnorwegen
169 Südfinnland · Helsinki
106 Südnorwegen
118 Südschweden · Stockholm

HB Bildatlas Euro-Special

13 Belgien
6 Dänemark
15 Deutschland
15 Deutschland (englische Ausgabe)
8 England · Wales
17 Finnland
1 Frankreich
7 Griechenland
2 Italien
10 Niederlande
11 Norwegen
5 Österreich
14 Polen
9 Portugal
12 Schweden
4 Schweiz
3 Spanien
16 Tschechien
18 Ungarn

HB Bildatlas Special

Afrika · Naher Osten

67 Ägypten
64 Arabien: V. A. Emirate · Oman · Kuwait · Qatar · Bahrain
52 Indischer Ozean: Madagaskar · Mauritius · La Réunion · Seychellen · Komoren
17 Israel
47 Jemen
29 Jordanien
15 Kenia
72 Marokko
61 Namibia
22 Südafrika · Namibia
41 Syrien
71 Tunesien · Libyen
6 Türkei: Ägäisküste · Istanbul
1 Türkei: Südküste

Australien · Ozeanien

45 Australien: Melbourne · Tasmanien · Westen
27 Australien: Ostküste
18 Neuseeland
38 Südsee

Europa

7 Island
54 Madeira · Azoren · Kapverden

Süd- und Südostasien · Ferner Osten

12 Bali · Lombok · Java
25 Himalaya
10 Hongkong
53 Indien: Rajasthan · Delhi · Agra
39 Indien: Südindien
23 Japan
43 Peking
69 Philippinen
19 Singapur · Malaysia
34 Sri Lanka und Malediven
49 Südkorea
70 Thailand
36 Vietnam

Süd- und Mittelamerika · Karibik

44 Argentinien
30 Brasilien: Rio und die Küste · Minas Gerais
57 Chile
55 Dominikanische Republik · Haiti
63 Ecuador und Galápagos-Inseln
60 Jamaika
9 Karibik
65 Kleine Antillen: Antigua · Guadeloupe · Martinique · Barbados u. a.
33 Kuba
73 Mexiko
40 Mittelamerika: Guatemala · El Salvador · Honduras · Belize
51 Peru
28 Venezuela

USA · Kanada

58 Alaska
48 Chicago und die Großen Seen
62 Florida
24 Hawaii
2 Kalifornien
32 Kanadas Osten · Québec · Ontario
13 Kanadas Westen
68 Las Vegas · Grand Canyon
31 Nationalparks
46 Neuengland · Boston
20 New Orleans und die Südstaaten
5 New York
35 Nordkalifornien · San Francisco
56 Nordwesten: Washington · Oregon
50 Rocky Mountains
66 Route 66
42 Südkalifornien · Los Angeles
37 Südstaaten · Washington D. C.
26 Südwesten: Nevada · Utah · Arizona · New Mexico
59 Texas

Die Pfalz

Pfalzmetropole Kaiserslautern

Landstuhl • Kirchheimbolanden • Wallhalben

Kaiserslautern Stadt und Land

...es gibt viel zu entdecken!

Stadt Kaiserslautern, kultureller Mittelpunkt der Pfalz, Fußball-Hochburg, Einkaufsstadt, Großstadt im Grünen und zentraler Ausgangsort in herrliche Wander- und Feriengebiete - das sind die meist genannten Attribute für die Barbarossastadt. Ein bemerkenswertes Kunst- und Kulturangebot, viel Geschichte und Sehenswertes, eine Altstadt mit urgemütlichen Kneipen und Cafés, die Gartenschau und der einzigartige Japanische Garten lohnen einen Besuch.

Tourist-Information
Willy-Brandt-Platz 1, 67653 Kaiserslautern
Tel. 0631/365-2317, Fax 0631/365-2723
e-mail: touristinformation@kaiserslautern.de
www.kaiserslautern.de

Das Kaiserslauterer Land zeichnet sich aus durch seine landschaftliche Vielfalt. Im Süden lädt die Stille des Pfälzerwaldes, im Norden das Nordpfälzer Bergland zu ausgedehnten Wanderungen ein. Das "Landstuhler Bruch" oder die Sickinger Höhe bieten mit ihrer reichen Flora und Fauna Einblicke in die Naturschönheiten unserer Landschaft. Burgruinen, Kirchen und dörfliches Leben geben Einblicke in das historische und kulturelle Werden eines liebenswerten Landstrichs.

Touristikbüro Kaiserslauterer Land e.V.
Lauterstraße 8, 67657 Kaiserslautern
Tel. 0631/7105-328, Fax 0631/7105-474
e-mail: klland@kaiserslautern-kreis.de
www.kaiserslautern-kreis.de

homburg
JUNG AUS TRADITION

Wo finden Sie

- die größten Buntsandsteinhöhlen Europas
- ein römisches Freilichtmuseum
- Burg-, Kloster- und Schlossruinen vom 12. – 18. Jh.
- einen Storchenhorst
- den größten Floh- und Antiquitätenmarkt Südwestdeutschlands
- vielfältige Möglichkeiten zum Einkaufen und Einkehren in einer überschaubaren Innenstadt
- überall kostenfreie Parkplätze

Info
Kultur- und Verkehrsamt
Rathaus
66424 Homburg
Telefon (06841) 101166-168
Fax 120899
Internet www.homburg.de
E-Mail touristikinformation @homburg.de

Schlossberghöhlen
Tel. und Fax (06841) 2064

Römermuseum
Tel. (06848) 875
Fax 730774

Die Kreis- und Universitätsstadt Homburg (Saar) freut sich auf Ihren Besuch.

PFALZGALERIE KAISERSLAUTERN

Museumsplatz 1 · 67657 Kaiserslautern
Tel.: 0631/3647-201
Fax: 0631/3647-202
E-mail: info@pfalzgalerie.de
www.pfalzgalerie.de

Direktorin: Dr. Britta E. Buhlmann

Öffnungszeiten:
täglich außer Montag von 10 bis 17 Uhr
Dienstag auch von 19 bis 21 Uhr

Lage: Stadtmitte, Nähe Rathaus

Gemälde, Graphiken, Plastiken 19. und 20. Jh. Wechselausstellungen, Begleitprogramm

BEZIRKS VERBAND PFALZ

Max Slevogt, „Einfahrt in den Hafen von Syrakus", 1914

Verbandsgemeinde Landstuhl

am nördlichen Rand des Naturparks Pfälzer Wald und der Sickinger Höhe gelegen mit den Gemeinden Bann, Hauptstuhl, Kindsbach, Mittelbrunn und Oberarnbach und der Sickingenstadt Landstuhl. Naturschutzgebiete und Urmoorlandschaften, romantische Täler, idyllische Weiher, Anschluss an das Wander- u. Radwanderwegenetz, Allwetterbad, Stadthalle Landstuhl - das Kultur- u. Kongresszentrum der Sickingenstadt. Sehenswert: Burg Nanstein, (Freilichtspiele im Sommer), historische Altstadt, kelt.-röm. Quellheiligtum Heidenfels, Verenakapelle, Sickinger Forsthaus.

Info:
Verbandsgemeinde-verwaltung Landstuhl
Kaiserstr. 49
66849 Landstuhl
Tel.: 06371/83-0
Fax: 06371/83-101
URL: www.landstuhl.de
E-Mail: vg@landstuhl.de

Historischer Gasthof HOTEL **Blechhammer**

67659 Kaiserslautern
Am Hammerweiher 1
Fam. Kraus
Tel. 0631/37250
Fax 3725100

Das Haus der gepflegten Atmosphäre in erholsamer, ruhiger Waldlage am See.
28 DZ, 6 EZ, alle mit Dusche/WC, Radio, Telefon und Kabel-TV.
Tagungen und Gesellschaftsfeiern von 40–100 Personen.

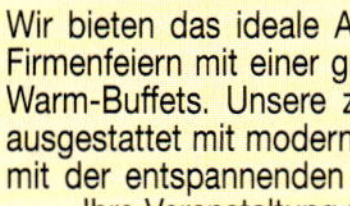

Parkhotel Schillerhain

Wir bieten das ideale Ambiente für Ihre Familienfeste und Firmenfeiern mit einer großen Auswahl an Menüs und Kalt-Warm-Buffets. Unsere zwei Tagungsräume (60 Sitzplätze), ausgestattet mit modernster Technik, lassen in Kombination mit der entspannenden Atmosphäre unseres Hauses auch Ihre Veranstaltung zu einem vollen Erfolg werden.

Rund um Kirchheimbolanden finden Sie ca. 250 km gut ausgebaute und beschilderte Radwege und ca. 120 km markierte Wanderwege aller Schwierigkeitsstufen.

Unser Spezialservice für Wanderer und Radfahrer:
• Lunchpakete inkl. Getränk • verschlossene Fahrradgarage • Reparaturraum mit Werkzeug • Schuh- und Fahrrad-Wasch- und Pflegeplatz • Sportler-Speisekarte für Gruppen • Abholservice für Zielwanderungen und Notfälle

Schillerhain 1 · 07292 Kirchheimbolanden
Tel. 0 63 52 - 71 20 · Fax 0 63 52 - 71 21 00
www.schillerhain.de

Kneispermühle

Familie Hartmann 66917 Wallhalben
Tel: 06375-203 Fax: 06375-6727
e-mail: info@kneispermuehle.de
internet: http:\\www.kneispermuehle.de

Donnerstag: Schlachtfest Mittwoch: Ruhetag

Urig eingerichtete Gaststube

Nebenraum für Veranstaltungen

Biergarten unter Kastanienbäumen

Individuelle Gästezimmer

Südliche Weinstrasse

Erleben Sie mediterrane Lebensart im stilvollen Ambiente des Schloss Edesheim

Hotel Schloss Edesheim

SÜDLICHE WEINSTRASSE

★★★★

Eingebettet in einem über 5ha großen Park mit Weinbergen und Wasseranlagen, ist das Schloss eine Oase der Ruhe und des Genießens. Ein einzigartiges historisches Ambiente in Verbindung mit der persönlichen Atmosphäre des Hauses garantiert Ihnen einen unvergesslichen Aufenthalt.

Sie residieren in einer individuellen, großzügigen Suite oder einem behaglichen Zimmer mit beschaulichen Ausblicken auf die malerische Umgebung. Kulinarisch verwöhnen wir Sie mit unserer marktfrischen, mediterranen Küche in unserem eleganten Gourmet-Restaurant „Da Nico".

Luitpoldstraße 9 · 67483 Edesheim · Telefon 0 63 23 - 9 42 40 · Fax 0 63 23 - 94 24 11 · www.schloss-edesheim.de

HOTEL-RESTAURANT SÜDPFALZ TERRASSEN

Restaurant mit bezauberndem Ausblick und bekannt guter Küche

Familiäres Ferien- und Tagungshotel

Hallenbad, Sauna und Whirlpool

Bekannt gute Küche

Inh. Familie Zaselowski · 76889 Gleiszellen bei Bad Bergzabern
Tel. 0 63 43/7 00 00 · Fax 0 63 43/59 52
internet: www.suedpfalz-terrassen.de · e-mail: info@suedpfalz-terrassen.de

★★★ superior
Hotel-Restaurant
Weinkeller

Pfälzer Hof

Gemütliches Restaurant mit leichter Pfälzer Küche. Uriger Gewölbekeller für gesellige Stunden. Unsere Sommerresidenz, der weinbewachsene Innenhof und unsere komfortablen Hotelzimmer - einfach zum Wohlfühlen.

Weinstraße 85 · 67480 Edenkoben
Tel. 06323/2941 + 3018 · Fax 06323/980505
Internet: www.simma-pfaelzer-hof.de
E-Mail: info@simma-pfaelzer-hof.de

Landgasthaus ZUM GOLDENEN LAMM

★★★

Hotel
Restaurant · Metzgerei

Gute Pfälzer Küche, Wildspezialitäten, Wein aus eigenem Anbau, moderne Ferienappartements und Gästezimmer mit DU/WC, Farb-TV, Sauna, Solarium. **DZ ÜF 37 € bis 48 €, HP + 11 €, VP + 17 €, FeWo 35 €.** Unser Haus ist ein guter Ausgangspunkt für Wanderungen und Ausflüge in die Umgebung (Ramburg, Heimat- und Bürstenmuseum, Hambacher Schloss, Heidelberg, Kaiserslautern, Strassburg, Elsass).

Inh. Konrad Lergenmüller · Hauptstr. 19 · 76857 Ramberg
Telefon 0 63 45 / 82 86, Fax 0 63 45 / 33 54
E-Mail: konrad.lergenmüller@Ramberg.de
Internet: www.gasthaus-hotel-lamm.de

Genießen Sie die besonderen Reize der Pfalz in unserem direkt am Weingut gelegenen Gästehaus.

Individuell eingerichtete Zimmer über den Dächern St. Martins, mit liebevoll ausgesuchten Einzelstücken aus der Pfalz und aus Südeuropa, ein großer toskanischer Garten und ein beeindruckender Panoramablick laden Sie zum Verweilen ein.

PALATINUM

WEINGUT ALFONS ZIEGLER

Eine gute Gelegenheit, unsere Weine zu probieren: Rote und trockene Spezialitäten sind die Stärke unseres Weinguts.

Weingut Alfons Ziegler/Haus Palatinum
Jahnstrasse 11 · 67487 St. Martin
Tel. 0 63 23/53 37 · Fax 0 63 23/76 67
Internet: www.weingut-ziegler.de
E-Mail: info@weingut-ziegler.de

HAUS AM WEINBERG

Hotel-Restaurant
Oberst-Barrett-Str. 1 • 67487 St. Martin
Tel. 0 63 23/94 50 • Fax 8 11 11

...in St. Martin ganz oben, mit herrlichem Blick in die Rheinebene!

Magische Orte im Pirminiusland

Pirminiusland

„Historama" - in der Klosterstadt Hornbach

Besuchen Sie doch einmal die Klosterstadt Hornbach. Der heilige Pirminius, im Jahre 735 Begründer des Klosters Hornbach, ist der Namensgeber für diese reizvolle Kulturlandschaft zwischen französischer Grenze, Biosphärenreservat Pfälzerwald und der Stadt Zweibrücken. Die Klosteranlge beherbergt heute ein aufwändig renoviertes Hotel mit einer ganz besonderen Atmosphäre und ein außergewöhnliches und eindrucksvolles Museum, das „Historama". Visuell wird die Entstehung der Klosterstadt und die Geschichte des heiligen Pirminius in verschiedenen Sprachen dargestellt.

Informationen über Führungen gibt die Tourist Information Pirminiusland im Historama
Tel. 0 63 38 / 80 91 53 oder 80 91 54
Fax 0 63 38 / 80 91 55
Öffnungszeiten:
Di. - Fr. 10[00] - 17[00], Sa. + So. 11[00] - 17[00]

ZOO Landau in der Pfalz

• Großer Kinderspielplatz
• Gastronomie
• familienfreundliche Ruheplätze

Die **Oase** der **Entspannung** und **Erholung**, mit 75 Arten und über 600 Tieren. Parken Sie bequem auf dem nahegelegenen Messeplatz. Die 4 Hektar große Anlage liegt nur 5 Minuten Fußweg entfernt von Landaus Fußgängerzone.

Öffnungszeiten: März bis Oktober 9.00 - 18.00 Uhr
November bis Februar 9.00 - 16.00 Uhr

Verwöhnen von Gaumen und Körper

Speyer • Germersheim • Bad Dürkheim • Dahn

Hauenstein • Ludwigswinkel • Hassloch • Wolfstein

LUDWIGSWINKEL

Staatlich anerkannter Luftkurort

Wo Urlaub zum Erlebnis wird ...

Lieber Gast, **Ludwigswinkel** ist ein staatlich anerkannter Luftkurort mit 1100 Einwohnern und rund 300 Gästebetten. Es liegt 240 Meter über dem Meeresspiegel, unmittelbar an der deutsch-französischen Grenze. Das Ferienparadies bietet eine Vielzahl von Freizeitmöglichkeiten und die überdurchschnittlich leistungsfähige Gastronomie bietet sowohl gutbürgerliche, als auch internationale Gaumenfreuden.

Kultur- und Verkehrsverein
66996 Ludwigswinkel
Tel. 06393/498, Fax 06393/5744
www.ludwigswinkel.de
e-Mail: ludwigswinkel@t-online.de

Familien-Ferien in Deutschland
3. Bundeswettbewerb 1994

Landgasthof-Hotel »Zum Ochsen«

Seit 1893 im Besitz der Familie Engel

Herzlich willkommen!

Über 110 Jahre Familientradition sind Ansporn und Verpflichtung zugleich, Ihnen den Aufenthalt bei uns so angenehm wie nur möglich zu gestalten.

Unsere Küche ist bekannt für ihre Pfälzer Spezialitäten und Wildgerichte.

Die ruhig gelegenen Zimmer mit Dusche/WC, Fön, TV, Telefon und Balkon, laden zum Erholen und Entspannen ein.

* Sonnenterrasse im romantischen Innenhof
* großer Saal für Gesellschaften bis 100 Personen
* Tagungsräume bis 90 Personen
* großer Parkplatz am Haus
* Sommer pur * Gourmet-Kurzurlaub
* individuelle Gruppenangebote
* Weihnachts- und Silvesterangebot
* Das Wanderparadies direkt vor der Tür

Marktplatz 15 **76846 Hauenstein**
Telefon 06392/571 **Fax 7235**
www.Landgasthof-Zum-Ochsen.de

★★★ Wasgau Landhotel

Entspannen und sich wohl fühlen

Speyerstraße 4–6, 76841 Hauenstein
Te. 06392/919-0, Fax 06392/919-444

Unser Ferienhotel, direkt am Waldrand – ohne störenden Verkehrslärm, bietet Ihnen jeglichen Komfort für einen erholsamen Urlaub.
80 geschmackvoll eingerichtete Zimmer mit DU/WC, TV, Telefon sowie Balkon oder Terrasse.
Genießen Sie die regionalen und internationalen Köstlichkeiten in unserem Panorama-Restaurant. Außerdem stehen unseren Gästen zur Verfügung: Café–Terrasse, Biergarten, Weinstube, Pilskeller, Tagungsräume.
Für Ihre Erholung und Entspannung: Schwimmbad, Sauna, Solarium, Fitnessraum, Kegelbahnen, Tennisplatz und unser 15.000 qm großer Neding-Hotelpark.

Multifunktionales Sport + Freizeit-Center

auf 2500 m² Fläche wird geboten: Klettern, Kegeln, Kosmetik, Physiotherapie, Sauna, Pool, Fitness, Kurse, Solarium, Bistro, Squash, Inliner-Kurse. Spezielle Wellness-Tage, auch mit Übernachtung. Gastronomie für Gruppen sehr gut geeignet, da Kapazitäten bis zu 100 Personen. Sonntags Brunch ab 12,50 €. Großes Warm-Freibad direkt hinter dem Sport + Freizeit-Center „Königsland".

Direkt an der B 270 vor Wolfstein aus Richtung Kaiserslautern kommend.

Täglich geöffnet:
Mo.-Fr. 9 - 23 Uhr
Sa. 13 - 23 Uhr
So. 10 - 20 Uhr
Tel. 06304 - 99 34 40

Deutsches Schuhmuseum

SCHUH FABRIK

Museum für Schuhproduktion und Industriegeschichte

- Eine der größten musealen Einrichtungen dieser Art weltweit
- 2.000 qm Ausstellungsfläche verteilt auf 3 Etagen
- Führungen mit realistischem Arbeitsablauf
- größte Prominentenschuhsammlung der Welt

76846 Hauenstein · Turnstr. 5 · Tel. 06392 / 915 165 · Fax 915 172
info@deutsches-schuhmuseum.de · www.deutsches-schuhmuseum.de
Öffnungszeiten: tägl. von 10 bis 17 Uhr, auch sonn- und feiertags

Burgschänke Rittersberg

Hotel-Restaurant, Familie Rusche,
am Hambacher Schloss, 67434 Neustadt,
Weinstraße, Tel: 06321/39900, Fax: 32799
Wintergarten-Restaurant, Terrasse. 5 Doppelzimmer mit Dusche/WC, Telefon. Ruhige Lage.
www.hotel-rittersberg.de
email info@hotel-rittersberg.de

Haßloch. Lust aufs Dorf

Haßloch, ein attraktiver Fremdenverkehrsort, umgeben von Feld, Wald und Flur, mit der optimalen Infrastruktur eines Mittelzentrums.

Unterhaltungs- u. Erlebnispark **Holiday Park**, Familien- u. Freizeitbad **Badepark**, viele ebene **Rad- und Wanderwege, Waldlehrpfad, Trimm-Dich-Strecke, Vogelpark, Mühlenwanderweg**, hervorragende **Gastronomie**, vielseitiges **Sportangebot**, eine idyllisch gelegene **Galopprennbahn**, über 100 Vereine und vieles andere mehr, garantieren einen **hohen Freizeitwert.**

Der Haßlocher **Kulturkalender** bietet alljährlich **Konzerte, Theater, Ausstellungen, Kunst** und dazu das **Heimatmuseum** in einem der ältesten Fachwerkhäuser der Region.

Spiel, Sport, Spaß. Ein Motto, nach dem die Einheimischen leben. Mit ihren Gästen bei vielen sportlichen Begegnungen und Festen. Bei bayerischem Bierfest oder Pfälzer Weinfest. Im Großdorf Haßloch kommt das Vergnügen nie zu kurz.

Info: Tourist Information, Langgasse 64, 67454 Haßloch, **Tel.** (06324) 935-225, **Fax** (06324) 935-201, e-mail: touristinfo@hassloch.de, www.hassloch.de

Die Pfalz
Urlaub • Freizeit • Kunst und Kultur

Komm mit uns auf Entdeckungsreise ...
Eine Aktiv-Mappe für Kinder zum Sehen, Hören, Erzählen und Gestalten
Marlies Koenen, Gudrun Lenz

Zu Gunsten einer verbesserten Lesbarkeit verzichten wir weitgehend auf geschlechtsspezifische Formulierungen.

Bestandteil der Reihe Aktivbuch sind:
Aktiv-Bilderbuch, ISBN 3-12-010130-3
Ideenhandbuch für Erzieherinnen, ISBN 3-12-010131-1
Aktiv-Mappe für Kinder, ISBN 3-12-010132-X
Aktiv-Bildermappe, ISBN 3-12-010133-8

Biografische Information Der Deutschen Bibliothek
Die Deutsche Bibliothek verzeichnet diese Publikation in der Deutschen Nationalbibliografie; detaillierte bibliografische Daten sind im Internet über http://dnb.ddb.de abrufbar.

1. Auflage 1 5 4 3 2 1 | 2008 07 06 05

Alle Drucke dieser Auflage sind unverändert.
Die letzten Zahlen bezeichnen jeweils die Auflage und das Jahr des Druckes.

Internetadresse: www.klett.de

Autorin und Konzeption: Marlies Koenen
Illustrationen und Titelbild: Gudrun Lenz, Berlin

Entstanden in Zusammenarbeit mit dem Projektteam des Verlages.

Reproduktion: Meyle+Müller, Medien-Management, Pforzheim
DTP/Satz: Ulrike Eisenbraun, Bad Urach
Druck: Typopress Druckerei GmbH, Echterdingen

Printed in Germany

ISBN 3-12-010132-X

9 783120 101321

Zum Zuhören und für ein Handschattenspiel

Das wilde Tier

Themenblatt, S. 23

Im Zimmer geistern Schatten
entlang an einer Wand,
aus ihnen wächst ein wildes Tier,
beweg' ich meine Hand ...

„Grrr, grrrr!", faucht es aus Özans Zimmerecke.
Auf dem Bettlaken erscheint ein aufgerissenes Maul mit spitzen Zähnen.
Wild und unheimlich.
Die Gans hält vor Schreck ihren Schnabel
und wünscht sich, sie könnte geschwind davonfliegen.
Der Elefant, der auch ein dickes, gemütliches Rüsselschwein sein kann
oder umgekehrt,
grunzt nur noch einmal und das sehr leise,
und piekst dann den Wolf oder was immer da vor ihm herschleicht,
leicht, aber energisch in sein Hinterteil.
„Spute dich!", heißt das, „es wird gefährlich."
Aber der Wolf will wissen, woher die Gefahr kommt und dreht sich um.
Da hört er es trippeln und trappeln und drängen und hasten.
Das sind die Gans und das Rüsselschwein,
das auch ein Elefant sein kann, oder umgekehrt,
die sich an ihm vorbeischieben,
eilig und aufgeregt.
Gleichzeitig faucht es ein Stück vor seiner Nase
aus einem aufgerissenen Maul mit spitzen Zähnen,
sehr böse und sehr wild.
Aber der Wolf hat überhaupt keine Angst.
„Kno-uuh", knurrt er zurück, „kno-uuh!"
Und aus Leas rechter und linker Hand entwickelt sich blitzschnell
ein Wolfskopf, der groß und größer wird.
Ein riesiges, dunkles Schattenbild auf dem Bettlaken.

Das wilde Tier macht einen Schritt zurück, und noch einen ...,
denn es will fliehen.
Aber da sind plötzlich seltsame Schattentiere ringsum.
Eines hat große, spitze Ohren, ein anderes hat riesige Flügel
und ein drittes öffnet gierig seinen langen Schnabel ...
Das wilde Tier hastet und rennt in alle Richtungen,
doch überall lauert jemand.
„Wuuuh, ... Kraak, kraak, ... tock, tock, took, ... kno-uuh"

Da weiß das wilde Tier nur noch einen Ausweg:
Es klappt sein Maul zu. „Klack!"
Und ist mit einem Mal ein rundes, kugeliges Ding,
das rollt und rollt und rollt,
dabei klein und kleiner wird,
bis es ganz verschwunden ist.

Zum Vorlesen und Vergleichen mit dem Malbild

Das Jahr ist kunterbunt ...

Themenblatt, S. 21

Grün ist das Gras,
wie die Blätter im Wind.
Gelbgrün die Vögel,
die beim Nest bauen sind.
Die Bank, sie glänzt
in kräftigem Grün,
und die Tulpen im Gras,
sie wachsen und blühn.
Der Winter ist fern, der Winter ist weit.
Ist wirklich endlich Frühlingszeit?

Gelb sind die Blumen,
wie die Sonne so gelb,
die langsam vom Himmel
auf die Erde fällt.
Gelbe Schmetterlinge
fliegen zum Blumenbeet,
dorthin, wo der Schneemann,
mit der Strickmütze steht.
Passt der denn in die Jahreszeit
mit seinem weißen Winterkleid?

Blau sind die Trauben,
und die Blätter sind bunt.
Im Korb die Äpfel
sind gelbrot und rund.
Zwei Kinder
haben sich Masken geschnitzt
und Augen und Mund
hineingeritzt.
Nur zum Nesterbauen ist es zu spät,
weil der Vogelflug jetzt Richtung Süden geht.

Weiß ist der Schneemann,
weiß ist das Feld,
weiß ist die Flocke,
die zur Erde fällt.
Der See ist vereist,
es hat geschneit –
doch der Baum trägt Äpfel
zur Winterszeit!?

Im Bild ist alles gleichzeitig da,
was in den vier Jahreszeiten geschah.

PIT

Zum Vorlesen und Weiterphantasieren

Das Regenbogenwunder

Themenblatt, S. 19

Du hast Özans Himmelsbild mit dem Regenbogen fertig gemalt.
Der Regenbogen steht jetzt wie eine bunte Brücke am Himmel.

Aus wie vielen Farben hast du ihn gemalt?
Wie hast du es geschafft, ein Orange, Grün und Violett
in den Regenbogen hineinzumalen?
Gibt es eine Farbe, die du besonders magst?
Das Sonnengelb vielleicht? Oder das Apfelgrün?
Möglicherweise auch ein Rosenrot oder Himmelblau?
Eigentlich ist jede Farbe schön, oder?
Besonders, wenn sie mit den anderen zusammen in einem Regenbogen leuchtet ...

Als Özan, Maxi, Lea und Pit am nächsten Morgen
das Regenbogenbild anschauen wollen, entdecken sie,
dass das Gelb verschwunden ist.
Es hat sich einfach davon gemacht.
Zwischen dem Orange und Grün schaut jetzt ein blauer Himmelsstreifen hervor.
Nur auf dem Boden sind kleine gelbe Farbtropfen zurückgeblieben.

Als Maxi, Özan, Lea und Pit der Tropfenspur folgen, bemerken sie,
dass aus allen Dingen, die bis gestern noch gelb gewesen sind,
die Farbe verschwunden ist:
Statt des gelben Igels auf Maxis Rucksack ist dort jetzt nur noch ein leerer Fleck.
Die gelben Gummistiefel, die vor der Haustür stehen,
sind mit einem Mal farblos und stumpf.
Nur die Dreckspritzer darauf sind geblieben.
Der gelbe Sonnenhut, der auf der Gartenbank liegt,
hat nur noch ein blaues Band mit weißen Punkten zurückbehalten.
Von der gelben Farbe ist nichts mehr übrig.
„Das Gelb hat wohl überall und aus allem seine Farbe herausgesaugt,"
meint Lea.
„Da muss es inzwischen aber ein riesiger Farbkloß geworden sein,"
vermutet Pit.

Die Tropfenspur führt jetzt über die Wiese im Garten,
dann unter dem Gartentörchen hindurch über einen schmalen Feldweg.
Sogar die Steine haben hier gelbe Farbkleckse abbekommen.
Maxi ist vorgelaufen.
Längst hat sie die kleine Brücke erreicht.
Dort steht sie nun und ruft und winkt,
laut und begeistert.

Dazwischen rennt sie von einer Brückenseite zur anderen
und beugt sich über das Geländer zum Wasser hinab.
Was sie dort sieht, ist unglaublich.
Die drei anderen, die rasch näher gelaufen sind, sehen es jetzt auch.
Sie stehen dort an der kleinen Brücke und schauen und staunen ...

Maxi winkt noch einmal zum Abschied.
Doch der kleine Drache schaut wieder nur starr geradeaus.

An der Bude mit den Lebkuchenherzen
sitzt eine kleine, braunweiße Katze,
die gestreichelt werden will.
„Miau, miau," maunzt sie bittend.
Da hockt Maxi sich hin,
krault ihren Nacken
und streicht über das strubbelige Katzenfell,
bis es sich weich und warm anfühlt.
Die Katze schnurrt vor Behagen,
und rückt vorsichtig näher und näher an Maxi heran.
Neugierig leckt sie mit ihrer rosaroten Zunge
einmal, zweimal,
über Maxis Lebkuchenherz.
Süß schmeckt das, zuckersüß!
...
Irgendwann muss Maxi gehen.
„Tschüss, kleine Katze!",
ruft sie fröhlich,
„wir treffen uns bestimmt bald wieder!"

Maxi läuft um die nächste Bude herum,
da sieht sie vor, neben und über sich
viele, bunt schillernde Seifenblasen
zum Himmel emporsteigen.
Schön ist das!
Maxi bleibt stehen
und schaut und schaut ...

Wenn sie jetzt nur noch ein paar Schritte weiterläuft,
dann wird sie entdecken,
woher die großen und kleinen Seifenblasenkugeln kommen ...

Zum Vorlesen und zum Nachzeichnen des Erzählweges

Maxi, wohin läufst du denn?

Themenblatt, S. 17

Maxi ist vom Mäuerchen aufgestanden
und zu dem Clown mit dem Eiswagen gelaufen.
Aber sie will kein Eis.
Sie will nur einen roten Nasenpunkt, genau wie Pit.

Der Clown lacht und schüttelt den Kopf.
Dann nimmt er drei Stifte in Rot, Blau und Grün
und noch vier andere Farben dazu
und malt Maxi viele bunte Sommersprossen ins Gesicht.
Die Sommersprossen kann Maxi aber nicht sehen.
Das ist schade!

Mit dem bunten Sommersprossengesicht
läuft Maxi zum Kinderkarussell.
Ein kleines Mädchen, das dort auf einem Fahrrad sitzt,
ruft ganz laut:
„Da kommt das Farbpünktchen!"
Alle Kinder lachen.
Aber am lautesten lachen Maxi
und der Karussellbesitzer.
Am Ende darf Maxi sogar drei Runden gratis
mit dem roten Feuerwehrauto fahren.
Einfach so!
Tatüü! Tataa! Tatüü! Tataa!

Hinter dem Kinderkarussell gibt es einen Pfannkuchenbäcker
und noch ein Stückchen weiter eine Losbude.
Wer Glück hat,
kann hier ein rosarotes Plüschschwein gewinnen,
wie Lea eines besitzt,
oder ein rotes Herzkissen
oder einen kleinen Drachen mit gelben Augen.
Der kleine Drache gefällt Maxi am besten.
Und für einen winzigen Augenblick glaubt sie sogar,
dass er ihr mit einem Auge zugezwinkert hat.
Doch als sie ganz nah vor ihm steht,
schaut er doch nur starr geradeaus.

Neben der Bude
liegen mehrere zerrissene Losscheine auf der Erde.
Maxi hofft, dass sie zwischen den Papierschnipseln
ein vergessenes Glückslos findet.
Sie sucht und sucht,
aber sie hat kein Glück.
Schade!
Maxi ist enttäuscht.
„Also, denn! Tschüss, kleiner Drache!"

KIRMES

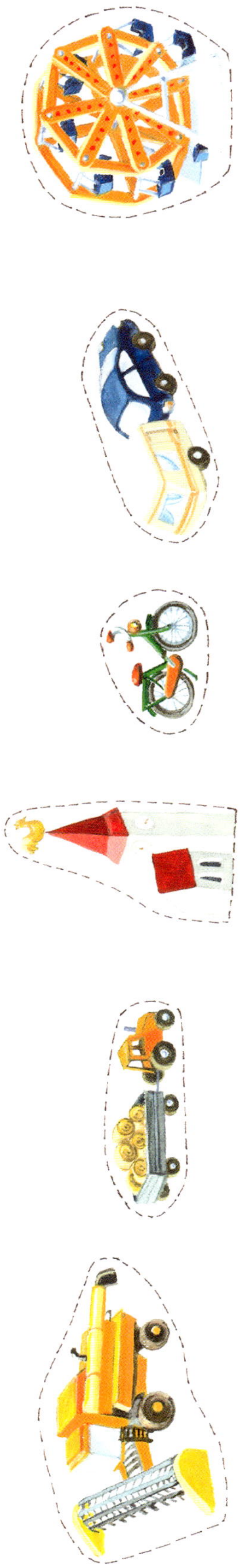

Zum genauen Hinschauen, Kombinieren und Begründen

Hoch am Himmel kreist etwas ...

Themenblatt, S. 15

Ein blaues Auto fährt eine Landstraße entlang,
dabei zieht es einen Anhänger hinter sich her.

Erkennst du, was das für ein Anhänger ist?
Wozu braucht man einen Anhänger, der ein Campingwagen ist?
In welche Richtung fährt das blaue Auto mit dem Campingwagen?

Unterwegs kommt das Auto an einem Kirmesplatz vorbei.
Mehrere Buden sind dort aufgebaut.

Wie viele sind es?
Gibt es auch Karussells?
Mit welchem Karussell möchtest du gerne fahren?
Und was geschieht in dem großen, grün-weißen Zelt?

Hinter dem Kirmesplatz befindet sich ein kleines Dorf.
Mit einem Bauernhof, mehreren Wohnhäusern und einer Kirche.

Kannst du sagen, welches das Bauernhaus ist?
Woran hast du es erkannt?

Rings um das Dorf gibt es große Felder.

Weißt du, was auf diesen Feldern wächst?

Du hast verschiedene Fahrzeuge auf dein Bild geklebt.
Bestimmt kennst du ihre Namen ...

Wenn du nun die Augen schließt, machen wir ein kleines Quiz.

Um ein Pferd zu reiten, braucht man einen Sattel.
Eines der Fahrzeuge hat auch einen Sattel. Welches?

Welche Maschine braucht der Bauer,
um die Körner aus den Ähren zu schlagen?
Und was geschieht danach mit den Körnern?

Auf den Feldern liegen große, runde Ballen.
Woraus wurden diese Ballen gepresst?
Und wie werden sie nun zum Bauernhof gebracht?

Propellerfahrzeuge können fliegen.
Wo befindet sich ein solches Fahrzeug auf deinem Bild?

Du hast sehr genau zugehört und einiges über die Fahrzeuge berichten können.
Vielleicht magst du mir jetzt auch eine Quizfrage stellen?

Özan hockt auf der Erde und denkt an den Helm mit den zwei Antennen.
Blinklichter sind daran in Blau und Rot.
Wer den Helm trägt, der entdeckt mit einem Mal geheimnisvolle Schleichpfade,
von denen er nie zuvor etwas gewusst hat;
unterirdische Gänge, die einen im Kreis herumführen;
Treppen, die keinen Anfang und kein Ende haben,
man kann sie nur immer weiter und weiter emporsteigen ...

Özan hat es ausprobiert, als sie in der Kugel waren.
Man muss einfach nur den Blinkzeichen folgen,
dann findet man die geheimen Wege ganz leicht.
Blau heißt links herumgehen, rot bedeutet, sich zur rechten Seite drehen.
Özan ist sicher, dass es auch an jedem anderen Ort außerhalb der Kugel klappt.
Er braucht nur den Helm.
Vielleicht bekommt er den, wenn er ihn sich nur ganz, ganz fest wünscht ...

Pit ist aufgeregt. Er erzählt der Erzieherin von der Taucherbrille, die er gesehen hat.
Eine Taucherbrille, die einen anschaut, mit richtigen Augen.
Die Augen können alles sehen, das kann Pit mit seiner Brille nicht.
Als er die Taucherbrille in der Kugel aufsetzte, konnte er plötzlich seltsame Dinge erkennen:
einen Stiefel, der die Zunge herausstreckte;
eine Kommode, die auf Elefantenfüßen stand;
eine Dusche, aus der statt Wasser Schneeflocken fielen;
ein Kuhschwanz, der zwischen einem Stapel Handtücher heraushing
und noch andere verrückte Sachen ...

Pit muss lachen.
„Neulich habe ich einen Riesenfußabdruck entdeckt“, sagt er.
„Hier im Kindergarten.
Mit der Brille wüsste ich jetzt bestimmt, wem der Riesenfuß gehört.“

Zum Vorlesen und Weitererzählen

Phantastische Geschichten aus der Welt der kleinen Dinge

Themenblatt, S. 13

Lea, Maxi, Özan und Pit sind vor einigen Tagen
auf eine riesengroße Kugel geklettert. Oben hatte die Kugel
die Form einer Drehscheibe. Hundert und mehr Dinge waren dort
auf verschiedenen Etagen abgestellt.
Eine kleine Welt, durch die die vier Kinder kreuz und quer
und hinauf und hinab gelaufen sind ...
Und für jedes Kind war unter all den großen und kleinen,
bekannten und fremden Dingen etwas dabei,
das ihm besonders gefallen hat und an das es sich noch genau erinnern kann ...

Lea träumt ... und in ihrem Traum hat sie wieder das große, glänzende Fernrohr
in der Hand, das ihr jeden Gegenstand der Welt
ganz nah und ganz deutlich heranholen kann.
Gerade jetzt, in diesem Augenblick, schwebt eine Seifenblase auf sie zu,
die groß und größer wird.
In ihrer Mitte bewegt sich etwas, rosafarben und blau mit weißen Punkten.
Es ist Gabi, Leas Schmuseschwein. Gabi macht kleine Luftsprünge in ihrer Kugel.
Und mit jedem Hopser schwebt die Kugel ein Stückchen höher empor,
bis sie nur noch ein kleiner heller Punkt am dunklen Himmel ist.

Hoffentlich zerplatzt die Seifenblase nicht, denkt Lea,
wie sollte ich dann Gabi jemals wiederfinden?
Und während Lea in ihrem Traum noch immer hinauf zum Himmel schaut,
taucht plötzlich vor dem Fernrohr ein großes, blaues Auge auf.
Riesengroß und sehr neugierig ...

Maxi hat ein Kissen gemalt.
Das Kissen sieht aus wie eine Sommerwiese
mit vielen blühenden Blumen darauf.
Rechts und links sind dem Kissen zwei Ohren angewachsen,
durch die man alles hören kann, was tief drinnen und über der Erde geschieht:
Das leise Wachsen des Grases und das Flüstern des Windes,
das Ächzen und Stöhnen von zwei Ameisen,
die gerade eine Tannennadel zu ihrem Bau schleppen,
dazwischen das Schnaufen eines Regenwurmes,
der sich durch den Erdboden bohrt
und das Trippeln und Trappeln von kleinen und großen Käfern ringsum ...

Gerade landet mit einem leisen Pling auf dem Kissen neben Maxis Kopf
eine goldene Feder.
Wo mag die wohl hergekommen sein?

Zum Vorlesen und bildgeleiteten Erzählen

Eine Hutreise

Themenblatt, S. 11

Ein Hut, rot und riesengroß, ist hoch oben am Himmel entlang geflogen
und schließlich langsam, sehr langsam auf der Erde gelandet.
Wo? Das kannst du erzählen ...

Fünf Kinder haben den Hut entdeckt.
Ein Hut, der gleichzeitig ein Boot oder ein Luftschiff sein kann.
Gemeinsam wollen sie sich mit dem Hut auf die Reise machen.
Ein langes buntes Tuch, eine Taucherbrille, einen Feuerwehrhelm,
ein Schlafkissen, eine Taschenlampe
und manch anderes haben sie jedenfalls dabei.
Nur den warmen, rot-gelb-grünen Schal vergessen sie im Gras.

Zuerst geht die Reise über das Meer
oder über Städte und Dörfer, Felder und Wälder
oder über eine weite Landstraße bis zu der Stelle,
wo die sieben Berge beginnen.

„Wer lebt denn dort?“, fragst du.
„Riesen und Zwerge“, denke ich,
„aber auch kleine grüne Drachen sind hier zu Haus.“

Der Hut ist jetzt ein Zelt, das vor Regen, Wind und Dunkelheit schützt.
Wie ein riesiger Fliegenpilz liegt er im Wald.
In seinem Innern die fünf Kinder und der kleine grüne Drache.

Sie leben jetzt im Wald,
essen von seinen Früchten,
kennen die besten Verstecke und die höchsten Bäume
und haben überhaupt keine Angst.

Doch dann eines Nachts kommt jemand,
riesengroß und mit der Kraft eines Riesen.
Er nimmt den Hut und die fünf Kinder darin
und trägt sie mit sich fort.
Ganz vorsichtig, so wie man einen Teller heiße Suppe trägt.

Er wandert mit ihnen zurück über die sieben Berge und durch enge Täler,
über Wiesen und Felder, Städte und Dörfer
bis zu der Stelle, wo es rot-gelb-grün auf dem Boden leuchtet.
Es ist der vergessene Schal, der dort liegt.
Der Riese setzt den Hut behutsam auf die Erde,
sodass die Kinder aussteigen können,
und geht dann mit Riesenschritten davon.
Nur den rot-gelb-grünen Schal nimmt er mit.

Zum Vorlesen mit wechselnder Sprecherstimme

Klatschnass!

Themenblatt, S. 9

Sechs Bilder gehören zu dieser kleinen Geschichte.
Du hast die Bilder ausgeschnitten und in der richtigen Reihenfolge
auf ein Blatt geklebt.
Jetzt sehen wir genau, was den beiden Mädchen mit dem Wasserschlauch
geschehen ist.

„Dreh den Wasserhahn auf, Tina!“, ruft Emelie.
Emelie und Tina wollen im Sandkasten einen Burggraben füllen.
Dafür brauchen sie mehrere Eimer voll Wasser.
„Mach ich doch“, antwortet Tina.
„Es kommt aber nichts!“, Emelie ist ungeduldig.
„Du musst vorne am Schlauch drehen. Dann geht es“, erklärt Tina.

Emelie nimmt die Schlauchspitze aus dem Eimer und betrachtet sie.
Dann dreht sie vorsichtig daran. Aber nichts geschieht.
Komisch!
„Dreh nochmal!“, ruft Tina von hinten.
Emelie dreht.

Auf einmal kommt mit einem Zischen ein riesiger Wasserstrahl aus dem Schlauch,
direkt in Emelies Gesicht.
Tina hält sich erschrocken die Hand vor den Mund.
Gleichzeitig dreht sie mit der anderen Hand rasch den Wasserhahn wieder zu.

Emelie hat den Schlauch ins Gras geworfen.
Triefend steht sie da.
Ihre Haare, das Gesicht, ihr blau kariertes Hemd und die Hose,
alles ist nass. Klatschnass!
Igitt!

Tina macht einen Schritt auf Emelie zu.
Sie will ihr helfen, sie trösten.
Dabei rutscht sie aus, fällt über den Schlauch
und landet mit ihrem Po im nassen Gras.
So ein Mist!
Emelie guckt und muss ein bisschen grinsen.
„Jetzt sind wir beide nass!“, sagt sie.

„Nass und dreckig“, ergänzt Tina und wischt sich über ihren Hosenboden,
während Emelie wieder und wieder ihr klatschnasses Hemd auswringt.

Zum Lesen und gemeinsamen Erzählen

Eine riesengroße Entdeckung

Themenblatt, S. 7

Lea, Maxi, Özan und Pit sind im Kindergarten angekommen.
Im Flur vor dem Gruppenraum treffen sie auf ihre Spielfreunde.
Und während sich einige der Kinder begrüßen oder von der Mutter verabschieden,
geschehen noch andere Dinge, unerwartete ...
Nur vier Kinder haben es bemerkt und schauen gespannt
oder aufgeregt-neugierig in die Höhe, auf den Boden oder in ihren Stiefel.

Welche Kinder haben etwas entdeckt?
Und was haben sie entdeckt?

„Hoffentlich hält der kleine Drache sich fest", denkt Lea.
„Sonst fällt er noch ..."

Was denkst du, wohin könnte der kleine Drache fallen?

„Was mach' ich bloß?", überlegt der Junge im grünen Pulli.
„Ich muss die Hexe doch aus dem Stiefel befreien."

Was würdest du tun, wenn eine Hexe in deinem Stiefel landet?

„Ob das ein richtiger Riese ist?"
Das kleine Mädchen hat seine Mutter ganz vergessen und schaut und schaut.

Wie stellst du dir einen Riesen vor? Wie groß kann er sein?
Was kann er mit seinen Riesenhänden tun? Wie weit kann er hören?

„Mannomann!", Pit kann es nicht fassen.
Ein Riesenschuhabdruck und der genau vor seiner Nase!

Ein Riesenschuh hat bestimmt Größe 100, oder was meinst du?
Ob Pit unter der Lupe sehen kann, wo der Riese vorher war?

Im Augenblick läuft der Riese mit Riesenschritten aus dem Kindergarten.
Hinter sich her an einer Schnur ... falsch! ... an seinem Schuhband
zieht er – wie an einer Leine fest geknotet – viele bunte Herbstblätter: Grün, rot, gelb. Schön ist das!
Manchmal muss er sich bücken.
Manchmal stößt er trotzdem mit seinem Kopf, seiner Nase, seinem Ellenbogen
oder seinem Fuß an der Zimmerdecke oder an einem Türbalken an.
Das tut weh!
Aber schließlich ist er draußen.
Er lehnt sich an einen der Bäume, schaut in ein Vogelnest, entdeckt den Kater Max
als kleinen weiß-schwarzen Punkt unter den Büschen
und möchte so schrecklich gern einmal von der Rutschbahn
hinab in den Sandkasten rutschen, aber er traut sich nicht!

Zum Vorlesen und Ideen erfinden

Eine Sachentauschgeschichte

Themenblatt, S. 5

Die vier Kinder auf dem Bild kennst du ja schon.
Es sind Özan, Pit, Lea und Maxi.
Die vier sind gerade dabei, sich anzuziehen.
Ihre Sachen liegen und hängen kreuz und quer im Raum.
Aber du hast ihnen ja schon geholfen, alles richtig wiederzufinden.
Selbst Leas Schmuseschwein Gabi
braucht jetzt nur noch die zweite Ringelsocke anzuziehen,
dann sind alle fertig für den Kindergarten.

Aber einmal, an einem Morgen – ich weiß nicht wann – ist alles anders.
Maxi nimmt gerade ihre Strumpfhose, um sie überzustreifen,
da kommt ihr eine Idee.
Statt über die Füße und Beine zieht sie die Strumpfhose einfach
wie eine Mütze über ihren Kopf.
Die Strumpfhosenbeine baumeln jetzt wie zwei lange rote Zöpfe
rechts und links neben ihrem Gesicht.
Özan, Pit und Lea kichern. Maxi sieht wirklich lustig aus.

Maxi schiebt nun ihren Stuhl ein wenig nach links,
steigt darauf und schnappt sich Özans orangeroten Pulli von der Leine.
Sie zieht und zerrt ihn über die Strumpfhosenmütze auf ihrem Kopf.
Geschafft!
Weit ist der Pulli, weit und viel zu lang.
Maxi sieht darin aus, als stecke sie in einem Kleidersack.
Wild und übermütig hopst sie um die drei anderen herum.
Sie fühlt sich toll in ihrer Verkleidung.

Lea bringt ihre roten Stiefel.
Maxi soll sie anziehen.
Aber Maxi braucht zunächst noch ein Paar Strümpfe.
Ein roter Strumpf hängt noch auf der Leine
und einen gelben bekommt sie von Pit.
Nun sieht sie aus wie Maxi Buntstrumpf: rot und gelb.
Mit den Schuhen macht sie es genauso.
An den rechten Fuß kommt Leas Stiefel,
an den linken kommt ihr eigener Schuh.

Maxi ist fertig.
Jetzt können die anderen ihre Sachen tauschen und sie schaut zu.

Hast du für Lea, Özan und Pit eine Idee?

Liebe Eltern,

Sie sind vor einigen Wochen vom Kindergarten über die Anschaffung eines neuen Lernmaterials zur gezielten Weiterentwicklung und Förderung sprachlicher Ausdrucksmöglichkeiten und des Sprachverstehens informiert worden.

Das Gesamtmaterial, das Sie im Kindergarten einsehen können, setzt sich zusammen aus einem Aktiv-Bilderbuch, das auch als Aktiv-Mappe erhältlich ist, einer Aktiv-Mappe für Kinder mit zugehörigem Elternteil für die selbstständige Weiterarbeit der Kinder in den einzelnen Lernbereichen, einem Ideen-Handbuch sowie einer Audio-CD mit Geräuschgeschichten und Hördialogen zu bestimmten Sequenzen aus dem Bilderbuch.

Die Erarbeitung der Themenblätter erfolgt unter Anleitung der Erzieherin im Kindergarten.

Ihr Kind bringt heute das erste von 10 selbstständig bearbeiteten Themenblättern mit nach Hause sowie ergänzend dazu eine Gesprächs- und Vorleseanregung für Eltern und Kind.
Wir bitten Sie, sich möglichst bald nach der erfolgten Erarbeitung im Kindergarten etwa 20 – 30 Minuten Zeit zu nehmen, um Ihr Kind von seinen Erfahrungen und Eindrücken berichten zu lassen und ihm den beigefügten Text vorzulesen, während es begleitend dazu sein Bild betrachtet.
Wünschenswert ist dabei eine möglichst vielseitige und intensive sprachliche Beteiligung Ihres Kindes.

Die Themenblätter sowie die Begleitanregung für die Erwachsenen sollten – wenn möglich – gesammelt werden. Wenn alle 10 Arbeitsaufgaben ausgeführt sind, bringt Ihr Kind seine Mappe aus dem Kindergarten mit nach Hause.

Weitergehende kompetente Anregungen und Informationen zu dem hier angesprochenen Lernzusammenhang erhalten Sie über das pädagogische Personal in Ihrem Kindergarten.

Wir wünschen Ihnen und Ihrem Kind viel Spaß bei den Spielanregungen und Vorlesegeschichten zur Arbeits-Mappe für Kinder ...

Inhalt

Liebe Eltern 3

Eine Sachentauschgeschichte 4

Eine riesengroße Entdeckung 6

Klatschnass 8

Eine Hutreise 10

Phantastische Geschichten aus der Welt der kleinen Dinge 12

Hoch am Himmel kreist etwas ... 14

Maxi, wo läufst du denn? 16

Das Regenbogenwunder 18

Das Jahr ist kunterbunt ... 20

Das wilde Tier 22

Impressum 24

Komm mit auf Entdeckungsreise ...

Eine Aktiv-Mappe für Kinder zum Sehen, Hören, Erzählen und Gestalten

Marlies Koenen, Gudrun Lenz

Ernst Klett Verlag
Stuttgart Düsseldorf Leipzig